내 꿈을 이뤄 주는 어린이 스피치

움직이는
서재

과거와 현재와
미래를 연결시키는
지식 창고

책과 함께 있다면 그곳이 어디이든 서재입니다.
집에서든, 지하철에서든, 카페에서든 좋은 책 한 권이 있다면 독자는 자신만의 서재를
꾸려서 지식의 탐험을 떠날 수 있습니다. 좋은 책이란, 시대와 세대를 초월해 지식과 감
동을 대물림하고, 다양한 연령들의 소통을 가능케 하는 힘이 있습니다. 움직이는 서재
는 공간의 한계, 시간의 장벽을 넘어선 독서 탐험의 동반자가 되겠습니다.

발표 **시간**이 기다려지고 **토론**이 즐거워지는 **비결**

내 꿈을 이뤄 주는 어린이 스피치

Speech for Children

아나운서㈜ 지음 | 송진욱 그림

움직이는 서재

💬 생각을 효과적으로 표현하는 말하기의 능력은 무엇보다도 중요합니다. 세상 사람들은 모두 언어를 통하여 소통하기 때문이지요. 100분 토론도, 면접시험도, 수많은 청중을 설득하는 스피치도 모두 말하기입니다. 아름다운 공주와 멋진 왕자의 사랑도 결국 말하기를 통하여 이루어지는 것이지요.

이 책은 말하기에 저절로 자신감을 갖게 해주는 마법의 동화입니다. 다른 이를 감동시키는 '아름다운 표현의 마술'을 깨닫게 하는 책이지요. 특히 교사나 변호사, 아나운서, 방송인 같은 직업을 소망하는 어린이들에게는 더없이 훌륭한 이야기일 것입니다.

―**고성욱**(동화 작가 · 윤중초등학교 전 교장)

💬 이 책의 주인공 태양이와 친구들은 아나운서, 외교관, MC, 축구 선수 같은 꿈을 키워 가며 '스피치'에서 큰 힘을 얻지요. 정확한 발음 연습, 자신 있게 인터뷰하기, 완벽한 연습으로 대비하는 연설 방법, 내 생각을 전달하는 토론 방법까지 차근차근 알려 주는 이 책은 발표력과 표현력을 기르고 싶은 어린이들의 꿈에 튼튼한 날개를 달아 줄 거예요.

―**강백향**(교사 · 책 읽어주는 선생님)

💬 진학과 입시의 경향이 창조적인 글로벌 리더를 선발하는 쪽으로 바뀜에 따라 언어적 역량, 특히 말하기의 중요도가 커지고 있습니다. 단순한 말하기가 아니라 깊이, 창조적으로 생각하는 능력이 더욱 필요해진 것이지요. 어릴

때부터 말하기 훈련을 하면 언어 능력뿐 아니라 뇌의 발달 전반에도 큰 도움이 됩니다. 이러한 면에서 이 책은 많은 어린이들에게 도움이 될 만합니다. 기존의 교육서들이 부모나 교사 중심인 데 반해 아이들이 직접 읽고 실천해 볼 수 있도록 구성된 것도 이 책의 큰 장점이라고 생각합니다.

—노규식 (신경정신과 전문의)

21세기형 인재의 요건 중 하나가 다른 사람과 원활하게 소통하는 능력이라고 합니다. 말 잘하는 능력은 한순간에 만들어지는 게 아니므로 어렸을 때부터 바르고 정확하게 말하는 습관을 들일 필요가 있지요. 스피치 전문가들이 쓴 이 책은 초등학생 수준에 알맞게 재미있는 이야기를 중심으로 알찬 정보를 담고 있습니다. 미래의 리더를 꿈꾸는 어린이들에게 꼭 권하고 싶은 책입니다.

—이재용 (MBC 아나운서)

아이를 키우는 부모님, 아이들이 집에서는 안 그런데 사람들 앞에만 가면 우물쭈물하며 수줍음을 타는 모습을 보게 될 때가 많으시죠? 이 책은 말하기의 방법을 아이들의 눈높이에서 차근차근 재밌게 가르쳐 줍니다. 우리 아이들이 이 책을 통해 자신감과 용기를 갖게 되길 바랍니다.

—신애라 (배우)

말을 잘하면 여러분의 모든 꿈이 이뤄지기 쉬워요

"여러분은 꿈이 뭔가요?"

어린이를 위한 말하기 수업 첫 시간에 제가 꼭 하는 질문이에요.

주로 나오는 대답은 이런 것이지요.

"의사요!" "선생님이요." "변호사요." "아나운서요."

이런 꿈을 이루기 위해서는 공통적으로 필요한 게 있어요. 바로 자신의 생각을 말로 잘 표현하는 능력이에요.

선생님, 변호사, 그리고 아나운서를 비롯한 방송인은 여러 사람 앞에서 말을 하는 직업이기 때문에 또렷한 발음으로, 자기 생각을 분명하게 말할 줄 알아야 해요.

의사는 어떨까요? 의사도 질병의 상태를 환자나 가족들에게 설명하고, 다른 의사들 앞에서 발표하는 일이 많기 때문에 말하는 능력이 중요하답니다.

꼭 이런 직업에 종사하지 않더라도 말을 또박또박 조리 있게 잘하면 다른 사람들로부터 '똑똑하다', '믿음직스럽다', '또 만나고 싶다'라는 말을 듣게 돼요.

그런데 제가 만나 본 어린이들 중에는 사람들 앞에서 말하는 일을 어려워하거나 싫어하는 친구들이 뜻밖에도 많았어요.

"발표 시간만 되면 얼굴이 빨개지고 가슴이 두근두근해요."

"어제 읽은 책의 줄거리를 누가 물으면 머릿속에는 떠오르는데 말로는 잘 못하겠어요."

이런 어려움을 털어 놓곤 했어요.

이 책의 주인공 태양이도 우리 주변에서 흔히 볼 수 있는 그런 친구예요. 말끝을 흐리는 버릇이 있어 고민이고, 말을 재미있게 잘하는 친구를 부러운 눈으로 바라보곤 하지요. 어느 날 갑자기 나타난 '스피치 누나' 덕분에 태양이는 발성, 호흡, 발음부터 시작해서 논리적으로 말하는 법을 차근차근 익히게 돼요.

이 책의 또 다른 주인공들인 유찬이, 유미, 세리, 지훈이, 한솔이도 스피치 누나에게 낱말 연상하기, 문장 만들기, 몸으로 표현하기 등을 재미있게 배워 나가요. 나중에는 전교 어린이 회장 선거에서 멋지게 연설을 하기도 하고, 회의 시간에 자기 의견을 조리 있게 말하기도 한답니다.

주인공들이 스피치 누나와 함께 읽어 보는 발음 연습 문장이나 뉴스 대본, 방송 대본, 게임하기 등은 누구나 쉽게 따라 해 볼 수 있어요. 혼자서 또는 친구들과 함께해 봐도 좋고 부모님이나 선생님이 도와주시면 더욱 좋아요.

요즘에는 고등학교나 대학교에 진학할 때도 자신의 꿈이나 학업 계획, 독서 경험 등을 묻는 경우가 많지요? 아직은 먼 미래의 일 같지만 지금부터 습관을 들이지 않으면 그때 가서 갑자기 말을 잘하게 되기란 무척 어렵답니다.

이 책에 나온 '100초 스피치', '찬성 대 반대, 승자를 가려라!' 같은 게임을 친구들과 꾸준히 하면서 자신감을 키워 보세요. 발표 시간에 손을 드는 일이 점점 많아질 테고, 전교 어린이 회장 선거에도 한번 나가 보고 싶어질 거예요.

저는 말을 잘하고 싶은 모든 어린이들에게 이 책이 많은 도움이 될 거라고 믿어요.

우리나라의 모든 어린이들이 말하기에 자신감이 붙어서 자신의 꿈에 성큼 다가가길 기대합니다.

이 책은 우리 아나운서 주식회사의 아나운서들이 각자의 경험과 생각을 녹여 낸 정말 맛있는 책입니다. 이 책을 처음부터 끝까지 책임져 준 김호정 아나운서를 비롯해 좋은 의견을 많이 제시해 준 윤태정 아나운서와 최유미 아나운서, 아나운서 주식회사의 보배인 이은영, 이봉호, 송민교, 홍유경, 장재홍 아나운서 등 바쁜 방송 생활 속에서도 교육 과정 계발에 참여해 준 아나운서들께 진심으로 감사를 드립니다.

— 저자 대표 **김현욱**

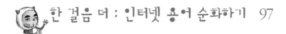

 세 번째 도전
4장 MC처럼 재치 있게

김태양

이 책의 주인공. 빛나리 초등학교 6학년. 뉴스 앵
커가 되는 것이 꿈인데 말을 잘 못해서 고민이다.
성격이 좋아 친구가 많다.

미스 스피치

태양이의 고민을 해결해 주라는 '스피치의 신'
의 명령을 받고 바그다드에서 왔다.

최유찬

태양이의 같은 반 친구. 축구부원으로, 박지성처
럼 훌륭한 축구 선수가 되는 게 꿈이다.

최유미

유찬이의 여동생. 빛나리 초등학교 4학년. 독서가
취미인데 특히 백과사전 읽기를 좋아한다.

오세리

유찬이의 여자 친구. 똑똑하지만 톡 쏘듯이 말하
는 버릇이 있다.

이지훈

유찬이와 5학년 때 같은 반이었던 친구. 전교 어린
이 회장 선거에 나가고 싶어 한다.

정한솔

유찬이와 태양이의 같은 반 친구. 친구들 앞에서
우스갯소리를 잘한다.

1장

도전을
시작하기
전에

멋진 앵커가
되고 싶어

    우리 아빠는 방송국에 다니신다. 아빠 명함에는 MBS 보도국 국제부 '김한수' 기자라고 적혀 있다. 예전에는 전 세계 여러 나라를 다니셨다는데 요즘은 주로 사막으로 취재를 다니신다. 중동 지역 전문 기자라서 그렇다고 한다.

    5학년 겨울 방학 때 아빠를 따라 방송국에 간 적이 있다. 방송국 복도를 걸어가는데 어떤 아저씨가 아빠한테 반갑게 인사를 하셨다.

    "어이, 김 기자!"

"어, 석희. 오래만이다."

아빠와 친한 분 같아서 나도 인사를 꾸벅했다. 그러고 나서 아저씨 얼굴을 쳐다보는데……

'우와, 송석희 앵커잖아?'

〈아홉 시 뉴스〉 앵커 아저씨를 이렇게 가까이에서 보다니! 만날 허름한 청바지 차림으로 위험한 지역만 골라 다니시는 우리 아빠랑 다르게 송석희 아저씨는 근사한 양복을 입고 계셨다. 아빠를 졸라 송석희 아저씨가 진행하는 뉴스 방송 광경을 잠깐 구경했다. 듣기 좋은 목소리로 세계 곳곳의 소식을 전하는 아저씨의 모습은 진짜 똑똑하고 멋있어 보였다. 그 순간, 나는 다짐했다.

'송석희 아저씨처럼 **멋진 앵커**가 되어야지!'

아빠한테는 비밀이다. 왠지 서운해하실 것 같기 때문이다.

웅얼거리지 말고 똑똑히 좀 말해 봐

송석희 아저씨를 만난 뒤부터 내게 새로운 고민이 생겼다.

원래는 키가 잘 안 크는 게 가장 큰 고민이었는데 이제 키 따위는 아무래도 좋았다. 왜냐하면, 송석희 아저씨도 아빠보다 키가 작았으니까. 그보다 심각한 고민은 내가 똑 부러지게 말할 자신이 없다는 사실이다. 친한 친구들과 이야기할 때는 그래도 괜찮은 편인데, 여러 사람 앞에 서기만 하면 혀가 제멋대로 굴러 가고 머릿속 실타래가 마구 엉켜 버리는 듯하다.

6학년에 올라와서는 발표 시간이 많아졌다. 그때마다 나는 스트레스를 받는다.

"태양아, 말을 끝까지 분명하게 해야지. 그렇게 입으로만 웅얼거리면 친구들이 무슨 말인지 못 알아듣잖니."

내가 발표할 때 선생님께서 하신 말씀이다. 내가 생각해도 나는 말할 때 끝맺음이 약하다. 말을 하다 보면 처음에 하려던 말과 다른 말이 나와서 '어, 이게 아닌데……' 하는 생각이 들 때가 많다. 발표 시간에 박수를 못 받는 경우도 많다. 우리 반 친구들은 내가 무슨 말을 하는지 잘 알아듣지 못하겠다고 한다. 앵커가 되려면 말을 잘해야 하는데 정말 큰일이다.

게다가 우리 아빠가 방송 기자라는 것을 알게 된 친구들은 꼭 내게 한마디씩 던진다.

"이상하다, 너희 아빠는 말을 잘하시던데……."

"너 돌연변이 아니야?"

이런 말을 들으면 나는 더 속이 상한다. 3학년 때까지만 해도 수업 시간에 손을 들고 발표하는 일이 신났는데 요즘은 선생님 눈을 자꾸 피하게 된다. 오늘도 선생님 질문에 답을 제대로 못해 하루 종일 기분이 엉망이었다.

집에 오니 2주일 전에 바그다드로 출장 갔던 아빠가 돌아와 짐을 풀고 계셨다.

"다녀오셨어요?"

"오, 나의 태양, 그동안 잘 있었어? 그런데 왜 그렇게 풀이 죽었어?"

"아무것도 아니야."

"아하! 아빠가 선물 안 사왔을까 봐 그런 거지? 이번엔 아빠가 선물을 챙겨 왔지. 자, 받아."

아빠가 특이하게 생긴 펜을 내게 던져 주셨다.

"이게 뭐야? 형광펜?"

"사실은 그거 사막에서 만난 할아버지가 주신 거야. '아드님한테 이게 꼭 필요할 겁니다'라고 하시던걸. 이걸 가지고 있으면 소원이 이루어진다나?"

"엥? 그 할아버지가 나를 정말 아신대?"

"아니 뭐, 꼭 그렇다기보다 그런 눈빛으로 말씀하셨다는 거지. 하하하."

"에이, 아빠 또 판타지 소설 쓰는 거지? 아무튼 고맙습니다."

Speech

이상한 형광펜

　책상에 앉아 아빠가 주신 형광펜으로 쓱쓱 글씨를 써 보았
다. 새것이라 그런지 잘 써졌다.

'나의 꿈 = 송석희 아나운서 같은 앵커'

　그 순간, '펑' 하는 소리와 함께 연기가 나더니 마술처럼 이
상한 여자가 눈앞에 나타났다.

　"안녕, 태양아!"

　"누, 누, 누구세요?"

　나는 화들짝 놀라 말까지 더듬었다.

"난 신들의 나라에서 심부름을 온 **미스 스피치**야. 이제
부터 편하게 '스피치 누나'라고 부르도록 해."

"심부름이요?"

"'스피치의 신'인 우리 할아버지께서 나를 여기로 보내셨지.
네가 말을 잘 못해서 고민이라는 이야기를 들으시고는 나한테
널 도와주라고 하시던걸."

"저를 왜, 왜 도와주시는데요?"

"네가 평소에 친구들을 많이 도와준다고, 할아버지가 그러
시더라. 신의 나라에선 인간 세계에서 일어나는 모든 일을 다
알고 있거든."

'헉! 내 머리 위에 CCTV를 달아 놓았나? 내가 하는 일을 어떻게 다 알고 있다는 거야!'

최근에 친구를 도운 일이 무엇인지 생각해 보았다. 윤호를 도와준 일밖에 생각나지 않았다. 윤호는 우리 반 친구인데 아토피가 아주 심해서 학교에도 자주 결석을 한다. 초등학교에 들어오기 전, 나도 잠깐 아토피 피부염이 있었기 때문에 윤호가 왠지 안됐다는 생각이 들었다. 그래서 윤호가 수업 진도에 뒤처지지 않도록 수업 시간에 필기한 공책을 윤호에게 빌려주었다. 윤호를 피하는 아이들에게 아토피 피부염은 옮는 병이 아니라고 설명해 주기도 했다.

나는 정신을 차리고 '미스 스피치'의 얼굴을 살펴보았다. 바그다드에서 온 사람답게 얼굴이 까무잡잡한 것이 애니메이션 〈아라비안나이트〉에 나오는 여자 같기도 했다. 하지만 〈아라비안나이트〉의 여자 주인공과 달리 이 누나는 똥배가 좀 나왔다는 생각을 한 순간,

"김태양! 쓸데없는 생각 하지 말고 이 종이에 지금 너의 상태를 '예', '아니요'로 표시해 봐!"

스피치 누나가 눈을 부릅뜨며 종이 한 장을 건네주었다.

'말하기 실력 진단표?'

말하기 실력 진단표

질문	예	아니요
1. 나는 말을 잘하는 사람이라고 생각한다.		
2. 목소리가 작다는 말을 자주 듣는다.		
3. 나는 화가 나지 않았는데 사람들이 내게 "화났어?"라고 물을 때가 많다.		
4. 말투가 어린아이 같다는 소리를 많이 듣는다.		
5. 혀 짧은 소리가 난다는 말을 들어 보았다.		
6. 코맹맹이 같은 소리가 난다.		
7. 입을 크게 벌리지 않고 말하는 편이다.		
8. 웅얼거리듯 말하는 편이다.		
9. 말이 빠른 편이다.		
10. 말끝을 흐리는 편이다.		
11. 말을 더듬는 편이다.		
12. 말을 하다 보면 내가 무슨 말을 하고 있는지 잘 모르겠다.		
13. 말하는 도중에 적당한 단어가 잘 떠오르지 않을 때가 많다.		
14. 머릿속의 생각을 정리해서 말하기가 어렵다.		
15. 내가 재미있는 이야기를 해도 친구들이 잘 웃지 않는다.		
16. 내가 이야기를 하면 친구들이 못 알아들을 때가 있다.		
17. 너무 곧이곧대로 말한다는 지적을 많이 받는다.		
18. 상대의 눈을 쳐다보지 않은 채 말하는 편이다.		
19. 사람들 앞에서 발표할 때면 얼굴이 붉어진다.		
20. 말을 하면서 손을 많이 움직인다.		

나는 종이에 적힌 스무 개의 질문을 하나하나 읽으며 '예'
또는 '아니요'에 동그라미를 쳤다.

🖊 나의 말하기 실력은 몇 점?

내가 적은 진단표를 받아 본 스피치 누나는 그럴 줄 알았다
는 표정으로 고개를 끄덕거렸다.

"'예'라고 표시한 항목이 열여섯 개나 되네. 생각보다 심각
한걸? '예'의 개수에 따라 총 네 단계로 나뉘는데, 넌 아슬아슬
하게 마지막 단계에 들어갔어."

스피치 누나가 마지막 단계에 대한 설명을 읽어 주었다.

"말하는 게 상당히 어렵고 두렵군요. 자기 생각을 상대에게
가장 쉽게 전달할 수 있는 방법은 '말'이에요. 자신감을 가지
고 발음과 발성부터 차근차근 익혀 말의 재미에 빠져 볼까요?"

"가장 심각한 단계예요?"

"가장 발전 가능성이 큰 단계라고 할 수 있지. 그래도 그동
안 뉴스를 보면서 송석희 아나운서를 따라 하더니 발음은 많이
좋아졌네."

"제가 뉴스 보면서 따라 한 것도 아세요?"

"그럼! 이 누나는 태양이에 관해 모르는 게 없단다."

말하기 실력 진단 결과

'예'의 개수	말하기 단계	설명
0~5개	말하기 고급반	당신은 이미 말하기의 달인이네요. 손동작이나 눈맞춤 등 청중을 끌어들일 수 있는 방법까지 알아 두면 말하기 실력이 한층 더 좋아질 거예요. (4, 5장 참고)
6~10개	말하기 중급반	친구들과 대화할 때는 말을 조리 있게 잘하는데 사람들 앞에 서서 발표할 때는 긴장되죠? 조금만 노력하면 아나운서처럼 말할 수 있어요. 짧은 문장부터 하나하나 만들어 이어 나가면 긴 연설도 어렵지 않답니다. (3, 4장 참고)
11~15개	말하기 기초반	예상하지 못한 질문에 놀랄 때가 많고, 말하기 전에 준비하는 시간이 오래 걸리죠? 아직 포기하기에는 일러요. 스피치 누나가 알려 주는 게임으로 어휘력을 늘려 보세요. 문장 구성 형식을 이해한 뒤 적절히 사용하면 말하기가 재미있어질 거예요. (2, 3장 참고)
16~20개	말하기 신입생	말하는 게 상당히 어렵고 두렵군요. 자기 생각을 상대에게 가장 쉽게 전달할 수 있는 방법은 '말'이에요. 자신감을 가지고 발음과 발성부터 차근차근 익혀 말의 재미에 빠져 볼까요? (1, 2장 참고)

스피치 누나는 나를 보며 씩 웃고는 말을 계속했다.

"내가 볼 때 태양이는 말을 잘하고 싶은 욕심이 큰 것 같아. 발표할 때 말을 잘해 보려고 하다가 끝맺음을 못해 당황할 때가 있지? 친구들한테 우스갯소리를 했는데 분위기가 썰렁해지기도 하고 말이야."

"어떻게 아셨어요? 발표를 잘하면 되게 똑똑해 보이고 다른 친구들한테 인기가 있거든요. 그런 애들을 볼 때마다 좀 부러운 게 사실이에요."

"태양이도 다른 사람들 앞에서 당당하고 똑 부러지게 말하고 싶다는 거지? 걱정 마. 이 스피치 누나가 도와줄게."

'이 누나 말을 믿어도 되려나?'

"허허, 의심은 금물! 일단 한번 믿어 보라니까."

'나에 대해서 많이 알고 있는 걸 보니 평범한 사람이 아닌 건 분명한데…….'

나는 스피치 누나가 또 내 마음을 읽을까 봐 얼른 머릿속의 생각을 지워 버렸다.

말을 잘하려면 자신감이 가장 중요해

"태양아, 말을 잘하려면 뭐가 가장 중요할까?"

"그야 물론 머리가 좋아야 하지 않을까요?"

"머리 좋은 사람이 말도 잘하는 경우가 많기는 해. 하지만 꼭 그렇지만은 않아. 가장 중요한 건 바로 자신감이야."

"아아!"

"태양이는 스스로 자신감이 있다고 생각하니?"

"아니요. 많은 사람들 앞에만 서면 왠지 주눅이 들고 내가 이상하게 보일까 봐 걱정이 돼요. 저한테 자신감 좀 주시면 안 될까요?"

"안 돼! 자신감은 자기 스스로 만들어 가는 거야. 태양이도 가족들이나 친한 친구들과 있을 때는 이야기하는 게 별로 어렵지 않지? 많은 사람들 앞에 설 때도 마음을 편하게 먹고 '나는 말을 잘한다' 하고 자신에게 주문을 걸어 봐. 이제부터 누나가 조금씩 도와줄게."

"헉, 누나랑 매일 공부해야 하는 거예요? 지금도 영어 학원에 가랴 피아노 학원에 가랴 머리가 빠질 것 같은데."

"그런 학원 공부하고는 달라. 재미있는 게임을 하면서 자신감과 표현력을 키운다고 할까? 스트레스나 부담 같은 건 안 줄 테니까 안심하렴."

'게임'이라는 말에 귀가 번쩍 뜨였다.

"자, 그럼 계속해 볼까? 말하기에서 두 번째로 중요한 건 자신의 생각을 정확히 전달하는 일이야. 뉴스를 전하는 아나운서처럼 **정확한 발음**과 자신감 있는 **큰 목소리, 편안한 호흡**으로 속도를 유지하면서 말할 수 있어야 해."

"아나운서는 원래 목소리가 좋은 사람들이 하는 거 아니에요? 저는 보통 때는 목소리가 작지 않은데 발표만 하려고 하면 목소리가 기어 들어가 버려요."

나는 오늘 수업 시간을 떠올리며 볼멘소리를 했다.

"너무 걱정하지 마. 태양이 같은 친구들이 아주 흔하니까. 아나운서들도 원래부터 그런 목소리를 가지고 태어나지는 않았어. 꾸준한 훈련으로 듣기 좋은 목소리를 얻게 된 거지."

그 말을 들으니 나도 앵커가 될 수 있다는 희망이 다시 가슴속에서 꿈틀거리기 시작했다.

"저도 연습만 하면 나중에 앵커가 될 수 있을까요?"

"그럼. 이제부터 누나가 가르쳐 주는 것만 잘 따라오면 가능성이 한결 높아질 거야."

"그런데 목소리만 좋으면 말을 잘하게 되는 거예요?"

"물론 그렇지 않지. 정확한 낱말을 골라 쓰는 일도 아주 중요해. 태양이 아버지 같은 기자들은 논리 정연하게 현장의 사건과 사고 소식을 전달하지? 그렇게 논리적인 내용을 구성하려면 우선 낱말을 많이 알아야 해. 처음에는 낱말을 가지고 여러 가지 문장을 만들어 보고, 그다음에는 문장을 이어서 문단을 만들어 보는 거야."

"저는 머릿속에서 문장이 빨리빨리 만들어지지 않는 것 같아요."

"태양이 너, 요즘 책보다 컴퓨터랑 더 친하게 지내지?"

"어, 어떻게 아셨어요?"

"책을 많이 보는 아이들은 그렇지 않은 애들보다 낱말을 훨씬 많이 알고 있어. 그래서 문장도 잘 만들지. 태양이가 고학년이 되면서 발표에 서툴러진 건 책과 멀어진 데도 원인이 있을걸?"

"생각해 보니 누나 말이 맞는 것 같아요."

"말을 잘하려면 또 하나 필요한 게 있어. 상대방이 무슨 말을 듣고 싶어 하는지, 내 말을 잘 이해하고 있는지, 지루해 하지는 않는지 잘 알아야 한다는 거야. 그걸 잘해야 친구들과 오랫동안 재미있게 이야기를 나눌 수 있어. 발표하고 나서 박수도 많이 받게 되고. 입학시험이나 입사 면접 같은 데서는 점수를 많이 따게 되겠지?"

"마법사도 아닌데 어떻게 남의 생각을 알아내요?"

"꼭 마법사만 남의 생각을 알 수 있는 건 아니야. 상대방의 표정이나 몸짓을 잘 관찰해 보면, 이 사람이 내 말을 잘 듣고 있는지 안 듣는지, 나랑 의견이 같은지 다른지를 알 수 있어."

"담임 선생님도 우리가 수업 시간에 딴짓하면 귀신같이 아시는데……."

"선생님은 너희들 눈이 딴 곳에 가 있거나 몸이 자꾸 뒤틀리는 걸 알아차리신 거야. 텔레비전 '토크 쇼' 프로그램의 MC들을 보면 초대 손님과 대화하면서 고개를 끄덕거리거나 얼굴을 찡그리곤 하지? MC들이 그렇게 표정이나 몸짓으로 반응을 잘 보여 주기 때문에 말하는 사람도 더 흥이 나서 이야기를 계속할 수 있는 거야."

"말 잘하는 게 쉬운 일이 아니네요."

"말하기에 서툰 사람이 하루아침에 잘하게 되기는 어려워. 하지만 꾸준히 노력하다 보면 불가능한 것도 아니지. 이제부터 누나랑 같이 재미있게 연습하다 보면 조금씩 나아질 거야."

"일단 공부가 아니라고 하니, 한번 해 볼게요."

2장

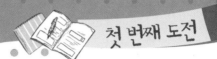

아나운서처럼

또박또박

정확하게

촉촉한 초코칩은
너무 어려워

"태양아, 너 초코칩 쿠키 좋아하니?"

"갑자기 초코칩 쿠키는 왜요? 사 주시게요?"

"아니. '촉촉한 초코칩' 발음 연습을 해 보려고. 아까 내가 말을 잘하기 위해서는 우선 발음이 정확해야 한다고 했지? 자, 이 글을 큰 소리로 한번 읽어 봐."

스피치 누나가 종이 한 장을 내밀며 말했다.

나는 작은 소리로 종이에 쓰인 글을 읽어 보았다.

촉촉한 초코칩 나라

안 촉촉한 초코칩 나라에 살던 안 촉촉한 초코칩이 촉촉한 초코칩 나라의 촉촉한 초코칩을 보고 촉촉한 초코칩이 되고 싶어서 촉촉한 초코칩 나라에 갔는데 촉촉한 초코칩 나라의 문지기가 "넌 촉촉한 초코칩이 아니고 안 촉촉한 초코칩이니까 안 촉촉한 초코칩 나라에서 살아"라고 해서 안 촉촉한 초코칩은 촉촉한 초코칩이 되는 것을 포기하고 안 촉촉한 초코칩 나라로 돌아갔다.

"어때, 쉽지 않지? 우선 '안 촉촉한'의 발음이 혀 짧은 소리처럼 '안 독독한'이라고 나는 경우가 있으니 주의해야 돼. '촉촉'은 윗니와 아랫니 사이로 바람을 살짝 내뱉듯이 발음해 봐. 혀는 영어의 'TH[θ]' 발음을 낼 때처럼 윗니와 아랫니 사이로 내밀지 말고 아랫니 뒤에 살며시 두는 거야. 이 사이로 숨이 나갈 수 있는 공간을 주는 것처럼 말이야."(38쪽 그림 보기)

"'촉촉'이랑 '초코칩'이라는 말이 자꾸 나오니까 발음하기가 어려워요."

"그렇지? '초코칩'의 '초'를 발음할 때도 혀가 윗니와 아랫니 사이로 나와서 '도'라고 소리 나지 않도록 혀를 아랫니 뒤에 편안하게 놔둬. 이 사이로 바람을 '츠'라고 소리 낼 때처럼

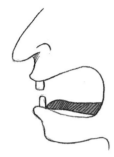 

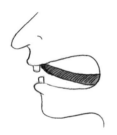  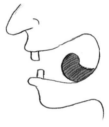

O '촉촉'을 발음할 때의 올바른
입 모양
혀끝을 아랫니 뒤 뿌리 쪽에 붙여
둔다.

X '촉촉'을 발음할 때의 틀린
입 모양
영어의 'TH[θ]' 발음처럼 혀를 윗
니와 아랫니 사이에 두면 이 사이
로 공기가 나가지 못한다.

O 'ㄴ' 발음
혀끝이 윗니 뒤쪽에 붙
어야 한다.

O 'ㄹ' 발음
혀끝을 입천장의 볼록
튀어나온 곳에 붙인다.

X 'ㄴ'과 'ㄹ'을 발음할 때
영어의 'R[r]' 발음처럼
혀를 입안으로 둥글게
말면 안 된다.

내뱉어야 해."

"'나라로'도 발음이 어려워요."

"'ㄴ(니은)'과 'ㄹ(리을)' 발음을 할 때는 원래 혀가 입천장에 붙게 돼. 그런데 요즘은 영어 공부를 너무 열심히 해서 그런지 'ㄹ'자를 발음할 때 혀를 입천장에서 떼고 목구멍 쪽으로 말아서 발음하는 친구들이 있더라고. 마치 영어의 'R[r]'를 발음할 때처럼 말이야. 그렇게 하면 혀가 꼬여서 다음 발음을 빨리 할 수가 없어. 그러니까 혀를 빨리 움직여 입천장에 세 번 부딪친다는 생각으로 발음을 해야 해."

"누나가 발음하는 걸 보고 따라 하려니까 혀에 쥐가 날 것 같아요."

"자꾸 연습하다 보면 지금 이 방법이 훨씬 쉽게 느껴질 거야."

따르르르릉, 또로로로롱, 혀를 굴리자

"연습해 보니까 발음할 때 혀가 얼마나 중요한지 알겠지? 지금부터는 혀의 유연성을 길러 주는 운동을 해 보자. 혀를 굴려서 '따르르르릉' 소리를 내 봐."

"이건 자신 있어요."

나는 혀를 입천장에 붙였다 떼었다 하며 '따르르르릉' 소리를 냈다.

"옳지. 그게 방금 배운 'ㄹ' 발음이야. 혀의 진동을 이용해 전화벨 소리를 내는 거지. 다섯 번만 더 해 볼까?"

"따르르르릉."

"따르르르릉."

"따르르르릉."

"따르르르릉."

"따르르르릉."

"이번에는 '**또로로로롱**' 하고 소리를 내 봐."

"또르르, 캑캑."

'또로로로롱'을 발음하다가 나는 사레가 들리고 말았다.

"킥킥, 이번에는 쉽지 않나 보네. 자, 누나를 따라서 다섯 번만 반복해 보자."

"또로로로롱."

"또로로로롱."

"또로로로롱."

"또로로로롱."

"또로로로롱."

"어때, 혀가 안으로 말리면서 부드럽게 움직이는 것 같지 않니?"

누나 말대로 소리를 계속 낼수록 혀가 부드러워지는 느낌이 들었다.

"이제 혀를 오른쪽 위 어금니에 대 봐. 이어서 오른쪽 아래 어금니에도 대 보고, 왼쪽 위와 아래 어금니에도 번갈아 대 봐."

나는 누나가 시키는 대로 입을 벌리고 혀를 이쪽저쪽 왔다 갔다 대 보았다. 좀 우습기도 했지만 스피치 누나의 눈빛이 진지한 걸 보고는 열심히 혀를 움직였다.

"음, 좋아. 이 훈련은 혀 짧은 소리를 내는 사람들을 위한 거야. 혀 짧은 소리를 내는 사람들은 정말 혀가 짧아서가 아니라 혀 아래에 있는 힘줄인 '설소대' 때문에 그런 소리를 내는 거야. 지금 태양이가 한 것처럼 설소대를 늘려 주는 연습을 꾸준히 하면 혀의 움직임이 자연스러워지지."

"혀를 자연스럽게 움직이면 발음이 좋아져요?"

"물론이지. 자, 지금부터 오른쪽 위 어금니를 1번, 오른쪽 아래 어금니를 2번, 왼쪽 아래 어금니를 3번, 왼쪽 위 어금니를 4번이라고 부를 거야. 내가 부르는 숫자의 위치에 혀를 대는 거다 1번, 2번, 3번, 4번, 1번, 3번, 2번, 4번, 4번, 2번…… ."
(42쪽 그림 보기)

"잠깐! 누나, 혀가 얼얼해요. 좀 쉬었다 해요."

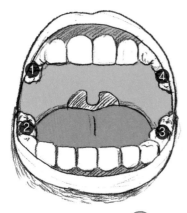

이쪽저쪽 혀 운동 💬
1, 2, 3, 4 (세 번 반복)
1, 3, 2, 4 (세 번 반복)
4, 2, 3, 1 (세 번 반복)
4, 3, 2, 1 (세 번 반복)

"꽤 힘들지? 이제부터 길을 걷거나 텔레비전 볼 때처럼 짬이 날 때마다 반복해서 혀 운동을 해 봐. 그러면 말을 할 때 발음이 훨씬 부드러워졌다는 느낌이 들 거야. 특히 태양이 같은 성장기 어린이는 어른보다 연습 효과가 더 빨리 나타나지. 나중에 커서 앵커를 할 때도 큰 도움이 될 거야."

앵커라는 말에 귀가 솔깃해졌다.

'그래, 내 꿈을 이루기 위해서 열심히 연습해야지.'

"자, 혀 운동을 열심히 했으니 다른 발음 연습용 문장을 한번 읽어 볼까? 이번엔 'ㅂ(비읍)'의 입술소리를 연습하는 문장이야. 이 문장은 입술에 힘을 빼고 **윗입술**과 **아랫입술**을 가볍게 부딪쳐 소리를 내야 쉽게 발음할 수 있지."

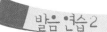

법학 박사 친구들

> 변 법학 박사의 친구인 백 법학 박사는 배 법학 박사에게 변 법학 박사와 방 법학
> 박사를 소개해 줬다.

"발음이 잘 안 될 때는 낱말을 한 음절씩 큰 소리로 정확하게 읽어 봐. 예를 들어 '문화'라는 낱말이 있으면 '문', '화'라고 또박또박 발음해 보는 거야. 그러고 나면 입 근육이 풀리기 때문에 전체 단어와 문장을 읽기가 훨씬 수월해지지."

나는 누나의 설명에 따라 한 글자씩 떼어 읽어 보았다.

"변"
"법"
"학"
"박"
"사"

"변 법학 박사의 친구인 백 법학 박사는……."

"그렇지, 바로 그거야! 이것 말고도 다양한 발음을 연습할 수 있는 문장이 많이 있어. 이 문장들을 가지고 친구들과 게임을 해도 재미있을 거야."

발음 연습 3

발음별 연습 문장

연습 문장 1 : 'ㄴ(니은)' 받침과 'ㅇ(이응)' 받침 구분하기

들의 콩깍지는 깐 콩깍지인가 안 깐 콩깍지인가. 깐 콩깍지면 어떻고 안 깐 콩깍지면 어떠냐? 깐 콩깍지나 안 깐 콩깍지나 콩깍지는 다 콩깍지인데.

연습 문장 2 : 이중모음 발음과 'ㄴ', 'ㄹ(리을)' 발음에 주의하기

문화 체육 관광부 관광청 관광 공사 관광 과장 황왕근 과장

연습 문장 3 : 'ㄷ(디귿)'으로 소리 나는 'ㅅ(시옷)' 받침 발음에 주의하기

앞 집 팥죽은 붉은 팥 풋팥죽이고, 뒷집 콩죽은 해콩 단콩 콩죽, 우리 집 깨죽은 검은 깨 깨죽인데 사람들은 해콩 단콩 콩죽 깨죽 죽 먹기를 싫어하더라.

연습 문장 4 : 'ㅅ', 'ㅈ(지읒)', 'ㅊ(치읓)' 발음에 주의하기

경찰청 철창살은 쇠철창살이냐 철철창살이냐, 중앙청 창살은 쌍창살이고, 시청의 창살은 외창살인데.

연습 문장 5 : 단모음 'ㅗ(오)'와 이중모음 'ㅛ(요)' 발음에 주의하기

고려 고 교복은 고급 교복이고 고려 고 교복은 고급 천을 사용했다.

발음 릴레이

인원수: 6명 이상
준비물: 발음 연습용 문장

1. 전체 인원을 두 편으로 나누어 ❶, ❷, ❸ 순서를 정한다. ❶번부터 발음 연습용 문장을 소리 내어 읽는다.
2. 읽다가 틀리면 처음부터 다시 시작한다. ❶번이 정확한 발음으로 끝까지 읽어야 ❷번이 시작할 수 있다.
3. 어느 편이 먼저 ❸번까지 문장을 정확하게 읽는지 따져 이긴 쪽과 진 쪽을 가른다.

얼음 물고 발음하기

인원수: 6명 이상
준비물: 발음 연습용 문장, 얼음이 담긴 통

1. 전체 인원을 두 편으로 나누고, 한 편에서 한 명씩 나와 출발하는 곳에 선다. 목표로 삼은 곳에 얼음이 담긴 통을 놓는다.
2. 신호를 보내면 두 명이 동시에 달려가 목표 지점의 통에서 얼음을 꺼내 입에 문다.
3. 얼음을 물고 발음 연습용 문장을 정확한 발음으로 먼저 읽는 쪽이 이긴다.

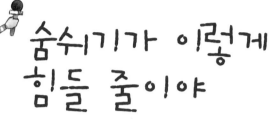

숨쉬기가 이렇게 힘들 줄이야

"발음 연습 하느라 힘들었을 테니 한숨 돌려 볼까?"

"후유, 이제 끝난 거예요?"

"아니. 이번엔 숨쉬기 연습을 해 볼 거야."

"숨은 늘 쉬고 있는데 무슨 연습을 해요?"

"살아 있는 사람은 누구나 숨을 쉬고 있지만 올바르게 숨 쉬는 사람은 생각보다 드물단다."

"숨 쉬는 방법도 올바른 게 따로 있어요?"

"그럼! 자, 이 거울 앞에 의자를 가지고 와서 앉아 봐."

나는 전신 거울 앞에 의자를 놓고 앉았다.

"태양이가 평소 숨 쉬던 대로 숨을 들이마신 다음 '후' 하고 내쉬어 봐."

스피치 누나가 시키는 대로 숨을 들이마셨다가 내쉬었다.

"태양아, 거울을 한번 봐. 가슴이 부풀어 올랐다가 가라앉지? 숨을 들이마시면 배가 들어가고 내쉬면 힘이 빠지면서 오히려 앞으로 살짝 나오고. 이게 바로 일상생활에서 흔히 볼 수 있는 가슴·배 호흡이야. 또 다른 호흡으로, 가슴 호흡이란 것도 있어. 그건 친구가 뒤에서 깜짝 놀라게 했을 때나 백 미터 달리기를 한 뒤 숨이 차서 헉헉거리는 숨을 말해. 가슴 호흡을 하면 숨의 길이가 짧아 불안정한 상태가 되지."

"가슴 호흡 말고 다른 호흡도 있어요?"

배가 들썩들썩, 숨이 길어지면 말이 차분해진대

"응. 지금 내가 가르쳐 주려는 배 호흡이 있어. 오른손을 배꼽 아래쪽 배에 대고 왼손은 가슴 위에 대 봐. 등은 곧게 펴고 천천히 숨을 들이마시는 거야."

나는 배와 가슴에 각각 손을 얹고 천천히 숨을 쉬었다.

"배가 부풀어 오른다는 생각으로 깊이 숨을 들이마셔 봐. 이때 가슴을 앞으로 밀어 올려 부풀게 하면 안 돼. 그 대신 배를 앞으로 밀어낸다는 생각으로 부풀리는 거야. 그리고 호흡을 잠깐 멈춰 숨을 모아 두었다가 '후우우우' 하고 입으로 서서히 숨을 내보내면서 배를 천천히 안으로 집어넣어. 거울을 보고 배와 가슴의 움직임을 확인하면서 다시 해 봐."

"배 호흡을 하니까 숨이 길어지는 것 같아요."

배 호흡 💬
등을 곧게 펴고 오른손은 배꼽 밑에, 왼손은 가슴 위에 둔다. 숨을 들이마실 때는 배를 앞으로 내밀고, 숨을 내쉴 때는 배를 안으로 집어넣는다.

"바로 그거야. 숨을 길게 쉬면 한 호흡에 할 수 있는 말의 길이도 함께 늘어나서 조금 더 편안하게 말할 수 있어. 여러 사람 앞에서 말할 때 말이 갑자기 빨라지는 친구들이 있지? 긴장을 해서 호흡이 빨라졌기 때문이야."

"아하, 숨을 짧게 쉬면 말이 빨라진다는 거죠?"

"그렇지. 숨이 들어오고 나가는 걸 좀 더 확실하게 알아보려면 풍선을 불어 보는 게 좋아."

스피치 누나가 내게 풍선 하나를 내밀더니, 자기도 하나를 입에 물고 풍선에 바람을 넣었다 뺐다 하는 과정을 몇 번 반복했다. 그래야 호흡 연습을 하기 쉬운 상태가 된다는 것이다.

"숨을 들이쉬어서 배를 볼록하게 만들었다가 숨을 내쉬면서 풍선을 크게 불어 보는 거야. 다시 숨을 들이마시면 풍선 바람은 빠지고 대신 부는 사람의 배가 부풀어 오르지. 풍선 부는 연습을 하면 내쉬는 숨의 힘이 좋아져서 나중에 배울 발성에도 도움이

많이 된단다."

"풍선 불기에 그런 효과가 있었다니."

"평소에 배 호흡을 훈련해 두면 말하기에 도움이 많이 될 거야. 태양이도 매일 5분 정도씩 배 호흡을 연습해 봐. 처음에는 가슴이 들썩거려 거북하겠지만, 계속 연습하다 보면 배의 움직임이 편안해질 거야. 한 달 정도만 꾸준히 연습해 봐. 약속!"

나는 얼떨결에 누나와 손가락을 걸고 말았다.

숨 내쉬며 숫자 세기 💬

우선 가슴 호흡을 하듯 숨을 들이마시고 내쉬는 것을 반복하다가 숨을 내쉬는 시점에서 소리를 내어 1부터 빠른 속도로 숫자를 세어 본다. '1, 2, 3, 4, 5, 6, 7, 8…….' 가슴 호흡으로 숫자를 몇이나 셀 수 있는지 확인해 보는 것이다. 보통 어린이들은 30~40 정도까지 센다.

다음은 배 호흡을 하면서 역시 내쉬는 숨에 같은 방법으로 숫자를 센다. 아마 가슴 호흡으로 세었을 때보다 숫자가 더 늘어날 것이다. 바로 이것이 배 호흡을 하면 숨이 늘어난다는 증거다.

아기 자세로 배 호흡 하기 💬

잠자는 아기를 관찰해 보면 배가 불룩 나왔다가 들어가기를 반복한다. 아기들의 호흡이 바로 배 호흡이다. 사람은 자라면서 서서히 배 호흡에서 가슴 호흡으로 바뀌는 경우가 많지만 잠잘 때는 대부분 배 호흡을 한다.

배 호흡이 잘 되지 않을 때는 바닥에 편안히 누워 보자. 누운 채로 숨을 들이마시면서 천천히 배를 부풀려 본다. 배의 움직임이 훨씬 쉽게 보일 것이다. 그 상태에서 배 위에 종이 한 장을 올려 놓는다. 종이를 들어 올린다는 생각으로 배를 부풀려 보자. 한 번에 안 된다고 포기하지 말고 계속해서 연습한다. 연습이 시작되면 적어도 5분 동안은 연속으로 해 본다.

Speech

자신감이
듬뿍 담긴 목소리!

"태양아, 작은 거울 좀 가져와 볼래?"

나는 안방에 가서 엄마가 쓰는 거울을 가지고 왔다.

"지금부터 거울을 들고, 말할 때 입 모양을 한번 봐. 평상시에 윗니와 아랫니를 벌리지 않고 말을 하면 다른 사람 귀에는 웅얼거리는 것처럼 들릴 수 있어."

"저도 윗니랑 아랫니를 벌리면서 말하긴 하는데……."

"그래? 아나운서들이 '아'라고 발음할 때 손가락이 세로로 몇 개나 들어갈 것 같니?"

"글쎄요. 하나?"

"땡! 세 개가 들어 가. '애' 발음은 손가락 두 개, '에' 발음은 손가락 한 개 정도?"

"헉, 그렇게나 많이 들어가요?"

누나의 말을 듣고 손가락 세 개를 넣어 보려 했더니 입이 잘 벌어지지 않았다.

"처음부터 세 개를 다 넣으려고 하면 입이 꽤 아플 거야. 우선 두 개 정도 들어갈 만큼 입을 벌려서 발음 연습을 해 보자."

"진작 말해 주지. 턱 빠질 뻔했잖아요!"

"풋, 미안. 앞에서 배웠던 배 호흡을 하면서 소리를 내 봐. 숨을 들이마셨다가 내쉬면서 '아' 하고 숨이 다할 때까지 길게

'아' 발음 💬
손가락 세 개가 들어갈
만큼 입을 벌린다.

'애' 발음 💬
손가락 두 개가 들어갈
만큼 입을 벌린다.

'에' 발음 💬
손가락 한 개가 들어갈
만큼 입을 벌린다.

소리를 내면 돼. 될 수 있는 한 크게 소리를 내 봐. 이때 주의할 점은 '아' 소리를 내기 위해서는 아래턱을 내려 입을 크게 벌려야 한다는 거야."

나는 거울을 보며 소리를 내 보았다.

"가슴 호흡을 할 때보다 소리가 길어진 것 같지?"

"네."

"이번에는 여기 의자에 올라서서 소리를 내 봐. 태양이가 산에 올랐다고 생각하고 저 아래 세상을 향해 '아' 하고 길게 소리쳐 보는 거야."

"아~~~~~~~~."

처음에는 어색해서 소리가 잘 나오지 않았지만 몇 번 더 연습하니 시원스레 소리가 뿜어져 나왔다.

"호흡과 발음을 같이 해 보니까 어때?"

"호흡을 다르게 하니까 소리가 크고 길어지는 느낌이에요."

"벌써부터 효과가 나타나나 보네. 이번에는 짧게 끊어서 '아, 아, 아' 하고 세 번만 소리를 내 볼까? 웅변하듯 손을 앞으로 내밀면서 하면 큰 소리를 내는 데 도움이 될 거야. 입을 크게 벌리고 숨을 들이마셨던 배에서부터 목을 거쳐 입까지 한 통로가 된 것처럼 소리를 내 봐."

"아, 아, 아."

"나쁘지는 않은데, 배의 힘을 좀 더 이용해 봐. 숨을 들이마셔 불룩해진 배를 힘껏 안으로 밀어 넣고 그 힘을 이용해 소리를 내는 거야. 이건 운동과 함께하면 더 효과적이란다. 자, 이제 의자에 앉아서 해 보자."

스피치 누나가 먼저 의자에서 시범을 보였다. 누나가 한 대로 숨을 크게 들이마신 다음 배가 접혀 힘이 들어갈 때까지 허리를 숙였다. 그리고 배를 꽉 눌러 주면서 '**아, 아, 아**' 하고 소리를 내 보았다. 서서 할 때보다 더 크게 소리가 나는 것 같았다.

"잘했어, 김태양. 하지만 연습 한 번 했다고 발성이 금방 달라지지는 않아. 앞으로도 꾸준히 연습해서 새로운 습관을 들여야 해."

"걱정하지 마세요. 이제부터 하루도 빼놓지 않고 연습할테니까요."

✏ 뉴스 앵커로 변신한 김태양

"참, 태양이는 앞으로 뉴스 앵커가 되고 싶다고 했지? 자, 이걸 읽어 봐."

누나가 종이 한 장을 내밀었다.

"'초등학교, 아주 특별한 캠페인. 여러분 안녕하십니까? 아홉 시 뉴스, 김태양입니다. 서울 빛나리 초등학교에서는 최근 아침 등굣길에 '아주 특별한 캠페인'이 열렸습니다…….' 어? 이거 뉴스 대본 아니에요?"

"맞아. 방송국에서 실제 사용하는 대본이야. 아나운서들처

초등학교, 아주 특별한 캠페인

여러분 안녕하십니까? 아홉 시 뉴스, OOO입니다.

서울 빛나리 초등학교에서는 최근 아침 등굣길에 '아주 특별한 캠페인'이 열렸습니다.

5, 6학년 어린이들이 참여한 이 캠페인은 '바르고, 정확하고, 예쁘게'라는 올바른

우리말 쓰기 운동입니다.

인터넷 용어를 무분별하게 사용하고 욕을 하는 학생들이 늘어남에 따라, 학생들의

언어 사용을 걱정한 선생님들의 아이디어였습니다.

교장 선생님과 각 학년의 담임 선생님도 함께했는데요, 어린이들은 "말을 잘하면

맘이 열립니다"라는 구호를 외치며, 등교하는 선후배와 친구들에게 올바른 말의 중

요성을 알렸습니다.

이상으로 뉴스를 마치겠습니다. 시청해 주신 여러분, 고맙습니다.

럼 태양이도 이 대본으로 연습해 보는 거야. 어때?"

"우와, 멋지다!"

나는 송석희 앵커를 떠올리며 뉴스를 읽어 내려갔다.

그런데 텔레비전 뉴스의 앵커가 할 때와 달리 왠지 어색한

느낌이 들었다.

"누나, 별로 앵커 같지 않죠?"

"설마 처음부터 송석희 앵커처럼 멋지게 될 거라고 생각한 건 아니겠지?"

나는 가슴이 뜨끔해서 얼굴이 발개졌다.

"우리가 지금까지 배운 **발음**, **호흡**, **발성**을 모두 사용해서 뉴스를 읽어야지. 먼저 큰 소리로 읽으면서 어려운 낱말에 동그라미를 쳐 봐."

나는 다시 한 번 대본을 읽으며 '등굣길', '무분별', '구호', '선후배' 등에 동그라미를 쳤다.

"동그라미 친 낱말은 국어사전에서 찾아봐. 아까도 말했던 것처럼 말을 잘하려면 국어사전과 친해져야 해. 게임기보다 더! 국어사전을 항상 옆에 놓고 뜻을 모르는 단어가 있으면 찾아보고 **장음**과 **단음**도 확인해 보도록 해."

"장음과 단음이 뭐예요?"

"그게 뭐냐 하면 말이지. 음, 내가 발음하는 것을 잘 들어 봐. '눈', '눈ː'. 앞의 '눈'은 짧게, 뒤의 '눈'은 길게 발음했어. 이렇게 짧게 내는 소리를 단음, 길게 내는 소리를 장음이라고 해. 같은 낱말이라도 발음 길이에 따라 뜻이 달라져. 짧은 '눈'은 뭘 뜻할까?"

"하늘에서 내리는 눈?"

"땡! 사람 얼굴에 있는 눈이야. 장음과 단음에 따라 뜻이 달라지는 말들이 몇 가지 있는데 '말'과 '말:'도 그런 낱말이야. '말'을 짧게 발음하면 동물을 가리키고, 길게 발음하면 우리 입에서 나오는 소리를 뜻하지."

"말은 마~알을 못한다. 이렇게요?"

"장음은 단음에 비해 1.5에서 2배 정도, 그러니까 약간만 길게 발음하면 돼. 다른 사람이 듣기에 어색할 정도로 늘릴 필요는 없다고!"

"그러면 장음과 단음이 구분되는 단어들을 모두 외워야 해요?"

"평소에 잘 쓰이는 단어만 외워 두면 돼. 나머지는 국어사전을 찾아보면 알 수 있어. 아까 내가 준 뉴스 대본의 뒤쪽을 봐."

누나가 시키는 대로 뉴스 대본을 뒤집어 보니 주의 사항을 표시한 뉴스 대본이 나왔다.

"이 대본에는 장음을 비롯해 발음에 주의할 부분을 색깔로 표시해 놓았어. 다시 한 번 말하지만 장음이라고 해서 너무 길게 발음할 필요는 없어. 단음보다 약간만 길게, 알았지?"

초등학교, 아주 특별한 캠페인(주의 사항 표시)

여러분 안녕하십니까? 아홉 시 뉴스, ○○○입니다.

서울 빛나리 초등학교에서는 **최:근** 아침 등굣길에 '아주 특별한 캠페인'이 열렸습니다.

5, 6학년 어린이들이 참여한 이 캠페인은 '바르고, 정확하고, 예쁘게'라는 올바른

우리말 쓰기 **운:동**입니다.

인터넷 용어를 무분별하게 **사:용**하고 욕을 하는 학생들이 늘어남에 따라, **학생들의**

[학생들에] 언어 사용을 걱정한 **선생님들의[선생님드레]** 아이디어였습니다.

교:장 선생님과 각 **학년의[항녀네]** 담임**[다밈]** 선생님도 함께했는데요, 어린이들은

"**말:을** 잘하면 맘이 열립니다"라는 구호를 외치며, 등교하는 선후배와 친구들에게

올바른 **말:의** 중요성을 알렸습니다.

이상으로 뉴스를 마치겠습니다. 시청해 주신 여러분, 고맙습니다.

대본을 서너 번 읽어 보았다. 여러 번 읽으니 확실히 처음보다 나아지는 것 같았다.

"발음에 주의하면서, 동시에 목소리도 너무 작지 않게 적절한 크기를 유지하도록 해야지. 그리고 앵커가 등을 구부정하게 하고 있으면 시청자들 눈에 어떻게 보일까? 뉴스에서 가장 중요한 신뢰감이 떨어지겠지?"

"아아, 태도도 중요한 거네요?"

"물론이지. 자, 내가 가져온 카메라를
방송국 카메라로 생각하고 진짜 앵커가 된 것
처럼 뉴스를 다시 한 번 읽어 봐."

나는 의자에 앉아 허리를 곧게 편 채 목소리를 가다듬었다.
그리고 발음과 발성, 호흡에 주의하면서 뉴스를 읽었다.

"어때요, 누나?"

"점점 더 나아지는데? 누나가 좀 전에 카메라로
찍은 동영상 파일을 보내 줄 테니, 그걸 보면서 태
양이에게 어떤 점이 부족한지 정리해 봐."

"동영상으로 제 모습을 보면 쑥스러울 것 같
아요. 그래도 재미는 있겠는데요?"

"숙제가 또 하나 있어. 자,
이걸 받아."

누나가 건네준 종이
에는 '틀리기 쉬운
높임 말'이라고
쓰여 있었다.

"사람들이 잘못

쓰고 있는 높임말 표현을 모아 놓은 거야. 이걸 올바르게 고쳐 보도록 해. 태양이도 곧 중학생 인데 이제는 부모님께 높임말을 써야 하지 않겠니?"

"엄마, 아빠한테 높임말 쓰는 건 너무 어색한데. 제 친구들도 다 집에선 그냥 반 말 써요."

"태양이는 멋진 앵커가 되는 것이 꿈이라고 했지?"

"네! 송석희 앵커처럼 부드러운 카리스마를 가진 앵커가 될 거예요."

"부드러운 카리스마? 호호호. 그래, 그건 좋은 데 아나운서나 앵커는 세상 사람들이 어떻게 살 고 있고, 어떤 어려움과 어떤 희망을 가지고 있는지 세상에 알리는 역할을 하는 직업이야. 앵커뿐만 아니라 누구든 살면서 많은 사람들을 만나게 되는데, 그럴 때마다 예의를 갖춰 대화를 해야 상대방의 마음을 열 수 있단다."

"예의를 갖춘 말하기가 마음을 열어 준다고요? 그건 어떻게 하는 건데요?"

"여러 가지 방법이 있는데, 그중 하나가 바로 바른 높임말 사용이지. 높임말도 제대로 쓰지 못하는 사람과 깊이 있는 대화를 하고 싶겠어? 그리고 높임말을 평소에 사용하지 않다가 갑자기 사용하려고 하면 말이 잘 안 나와서 실수를 하게 돼. 처음에는 좀 어색하겠지만 지금부터라도 조금씩 바꿔 나가려고 노력해 봐. 할 수 있겠지?"

"누나 말을 듣고 보니, 멋진 사람이 되려면 때와 장소에 맞는 높임말을 잘 익혀 놓아야겠네요. 해 볼게요."

한 걸음 더 : 틀리기 쉬운 높임말

다음 문장에서 높임말 표현법이 틀린 부분을 올바르게 고쳐 보세요.

1. (내가 형에게) 아버지가 형 모시고 오래.

2. (내가 선생님께) 내 아버지 이름은 '홍'자, '길'자, '동'자입니다.

3. (내가 아버지께) 아빠, 밥 먹으러 와!

4. 엄마한테 가는 길은 너무 머시다.

5. (내가 옆집 아주머니께) 엄마 지금 자요.

6. (내가 할아버지께) 아버지께서 방에 들어가셨어요.

7. (내가 선생님께) 선생님, 이거 선생님한테 물어봐도 돼요?

8. (내가 어머니께) 엄마, 할아버지가 아빠 모시고 오시래.

정답
1. 아버지께서 형 데리고 오라고 하셔.
2. 제 아버지 함자는 홍, '길'자, '동'자입니다.
3. 아버지, 진지 잡수러 오세요!
4. 어머니께 가는 길은 너무 멀다.
5. 어머니 지금 주무세요.
6. 아버지가 방에 들어갔어요.
7. 선생님, 이거 선생님께 여쭤 봐도 돼요?
8. 어머니, 할아버지께서 아버지 모시고 오래요.

3장

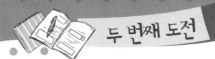

기자처럼
논리 정연하게

Speech

광화문에서 일어난 일

오늘은 84년 만에 제 모습을 찾은 광화문이 일반에 공개되는 날이다. 미래의 뉴스 앵커인 내가 이런 날 빠질 수 없지. 여름 방학 체험 활동도 할 겸, 같은 반 친구 유찬이와 광화문에서 만나기로 하고 집을 나섰다.

광화문 앞에 선 나는 인터넷에서 찾은 자료를 읽어 보았다. 중요해 보이는 부분에 바그다드 형광펜으로 밑줄도 쳤다.

"광화문은 1395년에 처음으로 세워져 사정문이라 불리다가 1425년에 지금의 이름으로 바뀌었다. 일제 강점기에 조선 총독

부는 광화문이 총독부 건물을 막고 있다는 이유로 위치를 옮겨
버렸다. 한국 전쟁을 거치면서 광화문은 불에 타기도 해서
1968년에 철근 콘크리트 구조로 다시 짓게 되었다. 이렇게 본
디 모습을 잃어버린 광화문을 원래대로 되돌리자는 의견이 많
이 모여 2006년부터 복원 공사가 시작되었다. 그리고 2010년 8
월 15일 처음으로 광화문의 새 모습이 공개되었다."

집에서 나올 때는 조금 귀찮았지만 광화문의 웅장한 모습을
보니 오기를 잘했다는 생각이 들었다. 대한민국의 국민으로서
가슴이 뭉클해진다고나 할까?

갑작스러운 인터뷰

그때 아저씨 두 명이 내게 다가왔다. 한 명은 커다란 카메라
를 들고 있었다. 다른 한 명이 내게 말했다.

"학생, 나는 KMC 방송국 기자인데, 오늘 뉴스에 방송할 인
터뷰 하나 해 줄래요? 간단한 질문이에요."

"네? 어, 저는……."

생각할 새도 없이 카메라가 나를 비추기 시작했다.

"오늘 광화문이 새롭게 복원된 모습으로 시민에게 공개가 되었는데요, 와 보니 기분이 어떤가요?"

갑자기 질문이 쏟아지니 머리가 멍해졌다. 나를 향한 카메라도 부담스러웠다.

"옛날에 우리가 봤던 건 실제가 아니라서요. 새롭게 복원되었잖아요, 그래서 더 좋은 거 같은데⋯⋯. 음⋯⋯ 왜냐면요, 여기가 서울의 중심이고 그렇잖아요."

'아유, '그렇잖아요'가 뭐야? 김태양, 좀 제대로 해 봐!'

기자 아저씨도 답답한 것 같았다.

"저기, 학생, 카메라를 너무 의식하지 말고 자신감 있게 다시 한 번 해 보자. 그래서 어떤 것을 느꼈나요?"

"어⋯⋯ 그러니까요, 예전에 이곳에서 월드컵 응원도 했잖아요. 그때 우리 국민이 모두 하나가 되어 '대한민국'을 외쳤잖아요. 그래서⋯⋯ 음⋯⋯ 좋은 거 같아요."

"어, 그, 그래. 학생 고마워!"

기자 아저씨는 떨떠름한 표정으로 카메라맨 아저씨와 뭐라고 얘기를 주고받더니 다른 곳으로 급히 가 버렸다.

아, 창피해! 인터뷰를 망치고 말았어

'도대체 내가 지금 뭐라고 대답한 거지? 대한민국 국민으로서 광화문이 예전의 모습을 되찾아 가슴 뭉클했다고, 여기 있는 모든 사람의 마음이 똑같을 것 같다고 어른스럽게 말하고 싶었는데……. 엉뚱하게 월드컵 얘기는 왜 한 거야?'

카메라가 앞에 있으니까 더 잘하고 싶다는 생각에 오히려 인터뷰를 망쳐 버린 것 같다.

'아, 창피해!'

나는 무심결에 형광펜 끄트머리를 깨물었다.

"아야, 누가 내 발을 깨무는 거야?"

"어? 스피치 누나? 갑자기 어디서 나타난 거예요?"

"네가 날 깨물어서 불러냈잖아? 어쨌든 잘됐다. 혼자 심심했었는데, 우리 재미있는 게임이나 하고 놀까? 여기 이렇게 서 있지 말고 저 나무 아래 긴 의자에 가서 앉자."

스피치 누나에게 이끌려 억지로 의자에 앉긴 했지만 아까 한 인터뷰가 계속 머릿속을 맴돌았다.

"저 지금 누나랑 놀 기분 아니에요. 방금 안 좋은 일이 있었단 말이에요."

"무슨 일인데 그래?"

별로 말하고 싶지는 않았지만, 스피치 누나가 하도 끈질기게 묻는 바람에 할 수 없이 조금 전에 있었던 일을 털어놓았다.

"방송국 기자 아저씨가 광화문 개방과 관련해 인터뷰를 하자고 했는데요, 처음에는 말의 끝맺음을 못 해 쩔쩔맸고요, 두 번째에는 주제에서 벗어난 엉뚱한 얘기만 한 것 같아요. 나중에는 기자 아저씨도 포기하고 가 버렸어요. 저 자신이 너무 바보 같아요."

"그랬구나. 가만 보니까 태양이는 생각나는 대로 말을 빨리 하는 습관이 있어. 그래서 말의 앞과 뒤가 자연스럽게 연결되지 않는 거야. 그런 걸 '주어와 서술어의 호응이 잘 이루어지지 않는다'고 해. 그리고 자신이 말하고자 하는 내용을 머릿속으로 미리 정리하지 않으면 주제에서 벗어나 버리는 경우가 종종 있어."

"후유, 제가 말하다 보면 말이 점점 빨라지고 머릿속이 뒤죽박죽된다는 건 알아요. 그런데도 그게 잘 안 고쳐져요. 아무튼 오늘은 공부할 기분이 아니에요. 조금 있다 친구도 올 거고요."

"누나가 언제 공부하자고 했니? 친구 올 때까지 같이 게임이나 하자, 응?"

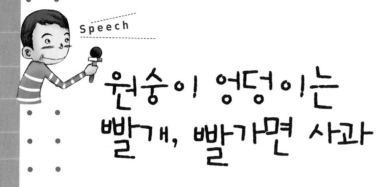

원숭이 엉덩이는 빨개, 빨가면 사과

사과는 맛있어~

스피치 누나는 내 기분은 아랑곳없이 혼자 신이 나서 노래를
시작했다. 누나가 내 옆구리를 쿡쿡 찌르는 탓에 할 수 없이 뒤
를 이었다.

맛있는 건 바나나~
바나나는 길어~

긴 것은 기차~

기차는 빨라~
빠른 것은 비행기~

누나는 뭐가 그리 좋은지 율동까지 곁들었다.

"노래를 부르고 나니까 기분이 좋아지지 않니?"

"별로요. 그런 노래는 유치원생들이나 부르는 거잖아요."

"호호호, 그렇긴 하지. 그런데 지금 우리가 부른 노래에는 재미있는 규칙이 있어."

"꼬리에 꼬리를 문다는 거요?"

"그 말도 맞네. 꼬리에 꼬리를 무는데, 주어 다음에 서술어가 오고 그 서술어가 주어가 되어서 다시 또 다른 서술어가 이어져. 주어와 서술어가 뭔지는 아니?"

"저도 그쯤은 알아요. '사과'는 주어고 '맛있어'는 서술어잖아요."

"잘 아네. '**주어**'나 '**서술어**' 같은 것을 문장 성분이라고 해. 문장을 만드는 가장 기본적인 성분이 바로 그 두 가지야. 주어와 서술어만 있으면 아주 단순한 문장이 하나 만들어지거든."

"'태양이는 멋있어' 같은 거요?"

"그렇지. '스피치 누나는 아름다워' 같은 것도 가능하겠지. 지금 태양이 머릿속에 떠오르는 단어 다섯 개만 말해 볼래?"

"스피치 누나, 뚱뚱해, 태양이, 잘 생겼어, 진짜로."

"태양이 너, 장난치지 말고 다시 해 봐!"

스피치 누나의 표정이 갑자기 험악해졌다.

"광화문, 수박, 공부, 컴퓨터 게임, 친구."

"좋아. 진작 그럴 것이지."

✎ 축구는 빨라?

"그러면 지금부터 나랑 이 다섯 개 단어를 주어로 해서 문장을 만들어 보자. 주어는 '-은, -는, -이, -가'와 같은 주격 조사와 함께 쓰이는 경우가 많아. 내가 먼저 하나 만들어 볼게."

→ 수박은 여름에 먹는 과일입니다.

"여기에서 '수박은'은 주어, '과일입니다'는 서술어야. 이번에는 태양이 네가 '광화문'을 주어로 해서 한번 만들어 봐."

'광화문, 수박, 공부, 컴퓨터 게임, 친구'로 문장 만들어 보기

- 광화문은 _____ .
- 수박은 _____ .
- 공부는 _____ .
- 컴퓨터 게임은 _____ .
- 친구는 _____ .

"광화문이 오늘 새롭게 문을 열었습니다."

"이번에는 아까 같이 불렀던 노래 가사를 조금 바꿔서 불러 볼까? '공부는 어려워'로 시작해 보자. 계속 주어와 서술어로 문장을 만들기만 하면 돼. 알았지? 신나게 박수를 치면서, 시작!"

공부는 어려워
어려우면 퍼즐
퍼즐은 재밌어
재밌는 건 게임
게임은 신나
신나는 건 축구
축구는 빨라 ♫

"잠깐! 축구가 어떻게 빠르다는 거야?"

"네? 공이 빠르게 굴러가잖아요."

"축구공이 빠른 거지 축구가 빠른 게 아니잖아. 이런 경우는 주어와 서술어의 호응 관계를 잘못 사용한 거야. 다음 예문들을 잘 봐."

❶ 축구를 차다.
❷ 내가 불합격한 이유는 공부를 안 했다.
❸ 내 꿈은 훌륭한 의사가 되어 돈이 없는 사람을 위해 치료를 하려고 한다.
❹ 건강을 위해 평일에는 줄넘기를, 주말에는 산에 오른다.

"그러고 보니 문장들이 좀 이상한 것 같아요."

"**주어**와 **서술어**가 호응을 이루지 못하면 의미를 제대로 전달할 수 없어. 특히 말이 길어지면 길어질수록 주어가 무엇이었는지 잊어버려서 엉뚱한 서술어를 사용하게 되지. 태양이가 인터뷰할 때 말을 얼버무린 것도 바로 이런 까닭일 거야."

"그러면 문장을 짧게 끊어 말할수록 실수할 위험이 줄어들겠네요?"

"그렇지. 그러면 앞의 잘못된 문장 네 개를 바르게 고쳐 볼까?"

❶ 축구를 차다.
   하다

❷ 내가 불합격한 이유는 공부를 안 했다.
                          했기 때문이다.

❸ 내 꿈은 훌륭한 의사가 되어 돈이 없는 사람을 위해
   치료를 하려고 한다.
        하는 것이다.

❹ 건강을 위해 평일에는 줄넘기를, 주말에는 산에 오른다.
                    하고

"잘 고쳤네. 문장을 이루는 주요 성분에 대해 누나가 정리해 놓았으니까 이걸 참고해서 친구들과 '어절 넣기' 게임도 한번 해 봐."

문장의 주성분

주어, 서술어, 목적어, 보어처럼 문장의 뼈대를 이루는 꼭 필요한 성분을 문장의 주성분이라고 한다.

- **주 어:** '무엇이', '누가'에 해당하는 말.
- **서술어:** '무엇이다', '어떠하다', '어찌 한다'에 해당하는 말.
  때에 따라 '목적어'나 '보어'를 같이 사용할 수 있다.
- **목적어:** '무엇을', '누구를'에 해당하는 말.
- **보 어:** '무엇이(되다/아니다)'에 해당하는 말.

❶ ○○이 무엇이다.
↘ 주어 + 서술어 (예) 태양이는 초등학생이다.

❷ ○○이 어떠하다.
↘ 주어 + 서술어 (예) 태양이는 잘생겼다.

❸ ○○이 어찌 한다.
↘ 주어 + 서술어 (예) 태양이가 달려간다.

어절 넣기

인원수: 3명 이상

1. 먼저 ❶, ❷, ❸ 순서를 정해 앉는다.
2. ❶번이 한 어절을 만들면, ❷번, ❸번이 차례대로 돌아가며 한 어절씩 덧붙여서 문장을 만들어 간다.
3. 새 어절을 덧붙이지 못한 사람은 게임에서 지게 된다.

(예) ❶번 – 태양이는
❷번 – 태양이는 학생이다
❸번 – 잘생긴 태양이는 학생이다
❶번 – 잘생긴 태양이는 착한 학생이다
......

Speech

상상 놀이

"태양아, 저기 오는 아이들이 혹시 네 친구들이니?"

스피치 누나가 가리키는 방향을 보니 유찬이가 동생 유미와 함께 걸어오고 있었다.

"유찬아, 여기야!"

나는 유찬이를 향해 손을 흔들었다.

"태양아, 여기 있었구나. 너 찾으려고 한참 돌아다녔어. 엄마가 유미도 데리고 가라고 하셔서 할 수 없이 같이 왔어."

유미는 나를 빤히 쳐다보더니 스피치 누나에게 눈을 돌렸다.

"이 언니는 누구야?"

"어, 그러니까 그게……."

스피치 누나를 어떻게 소개할지 몰라 더듬거리는데 누나가
먼저 인사를 하고 나섰다.

"안녕! 나는 바그다드에서 태양이를 도우러 온 미스 스피
치라고 해. 너희도 태양이처럼 나를 스피치 누나, 스피치 언니
라고 부르렴. 유찬이는 태양이보다 튼튼해 보이네. 얼굴이 새
카만 걸 보니 매일 밖에서 뛰노는 모양이구나."

"아니요. 저는 축구부원이라 방학 동
안에도 매일 연습을 해요."

"안녕하세요? 저는 유미예요. 바
그다드는 이라크의 수도죠? 백과
사전에서 봤어요."

"어머, 유미는 책을 많이 읽나
보네. 날씨도 더운데 우리 저기
'로데리아'에서 맛있는 것 먹으면서
게임이나 할까?"

'로데리아'라는 말에 유찬이와 나는
얼굴을 마주 보며 고개를 끄덕였다.

'지구'하면 무슨 단어가 떠올라?

우리가 햄버거와 콜라를 다 먹어 가자 스피치 누나가 둘둘 말린 종이 한 장을 펴기 시작했다. 그러고는 우리에게 붙임쪽지를 한 묶음씩 나눠 주었다.

"간식을 다 먹었으니 이제 재미있는 게임이나 해 볼까? 일명 '낱말 연상 놀이'. 여기 큰 종이 가운데에 '지구'라고 씌어 있지? 이게 바로 오늘의 주제야. 이 주제를 보고 지금 막 떠오르는 낱말을 각자 붙임쪽지에 써서 큰 종이에 붙이는 거야."

"지구와 관계있는 낱말은 아무거나 괜찮아요?"

유찬이가 스피치 누나에게 물었다.

"응. 하지만 오래 생각하지 말고 바로바로 떠오르는 낱말을 써서 붙여야 해. 자, 시작!"

우리는 각자 붙임쪽지에 낱말을 적어 종이에 붙이기 시작했다. 종이에 붙은 붙임쪽지가 20개 정도 되자 스피치 누나가 입을 열었다.

"이 정도면 되겠다. 그럼 태양이, 유찬이, 유미 순으로 마음에 드는 붙임쪽지를 두 개씩 골라 봐."

나는 '사람'과 '초록별'을 골랐다. 유찬이가 고른 것은 '우주'와 '나'였다. 유미는 자기가 고른 걸 보이지 않게 꼭꼭 감추었다.

"붙임쪽지를 다 골랐으면 그 두 낱말을 가지고 문장을 만들어 보는 거야. 태양이는 '사람'과 '초록별'을 골랐네. 태양이가 먼저 시범을 보일까?"

'갑자기 시범이라니…….'

조금 당황스러웠지만 금세 문장이 떠올랐다.

"많은 사람들이 초록별 지구에 살고 있습니다."

"그래, 바로 그렇게 하는 거야. 다음은 유찬이가 해 볼래?"

유찬이는 벌써 생각해 놓았다는 듯 자신 있게 말했다.

"나는 우주로 여행 가는 게 꿈입니다."

"오, 정말? 누나랑 같이 가자."

스피치 누나는 또 싱거운 농담을 했다.

"마지막으로 유미가 고른 걸 볼까? '환경'과 '물'이네."

"네. 환경을 보존하려면 물을 아껴 써야 해요."

"짝짝짝. 다들 잘했어. 이런 방법으로 붙임쪽지를 두 장이나 세 장씩 골라서 낱말을 연결해 문장을 만들어 보는 거야. 이 게임은 우리의 상상력을 자극해서 창의력을 높여 준다. 여러

낱말을 떠올리다 보면 어휘력도 늘어나지."

　스피치 누나 말에 귀를 기울이던 유미가 눈을 빛내며
말했다.

　"언니, 어휘력이 뭐예요?"

　"**어휘력**이란 낱말을 많이 알고
있어서 적당한 때에 잘 선택해서 쓰
는 능력을 말해."

　"저는 나중에 커서 작가가 되고 싶
어요. 그러려면 어휘력이 중요
하겠네요?"

"그렇지. 말 잘하는 사람 중에는 어휘력이 뛰어난 사람이 많아. 어휘력이 떨어지는 아이들은 친구들과 대화할 때도 '응', '아니', '몰라', '싫어', '좋아'처럼 단답식으로만 대답하곤 하지. 많은 사람들 앞에서 발표를 할 때 단어가 생각나지 않아서 얼버무릴 때가 있지? 말을 어떻게 끝맺어야 할지 몰라 말끝을 흐릴 때도 있고 말이야."

나는 왠지 가슴이 뜨끔했다. 스피치 누나가 내 얘기를 하는 것 같았기 때문이다.

"그런 문제를 느끼는 사람이 생각보다 많아. 평소 단답식 대화에 익숙해져 있기 때문이지. 친구들과 '낱말 연상 놀이'를 자주 해서 어휘력이 늘어나면 문장을 만들기도 훨씬 쉬워질 거야."

게임을 하면서 놀다 보니 어느덧 유찬이가 축구 연습을 하러 갈 시간이 되었다.

"누나, 저랑 유미는 이제 가야겠어요. 나중에 다른 게임도 가르쳐 줘요."

"물론이지. 유찬이랑 유미, 다음에 보자! 태양이는 누나랑 조금만 더

놀다 들어가자. 괜찮지?"

스피치 누나는 나를 바라보며 한쪽 눈을 찡긋거렸다.

"네. 그러죠, 뭐."

게임하기

낱말 연상 놀이

인원수: 3명 이상
준비물: 큰 종이 한 장, 붙임쪽지 여러 장, 연필

1. 큰 종이에 한 단어로 된 주제를 적는다.
2. 주제를 보고 각자 떠오르는 낱말을 붙임쪽지 한 장에 하나씩 써서 종이에 붙인다.(한 사람당 5~10개)
3. 한 사람씩 마음에 드는 붙임쪽지 두 개를 뗀다.
4. 붙임쪽지에 적힌 두 개의 단어를 이용해 문장을 만들어 말한다.

Speech

도전!
100초 스피치

"태양이는 엄마랑 대화를 자주 하는 편이니? 엄마가 '오늘은 학교에서 뭐 했니?'라고 물으시면 어떻게 대답해?"

"별로 할 말이 없는걸요. 그냥 '어제랑 똑같았어요' 하고 방으로 들어가요. 만날 똑같은데 왜 물어보시는지 모르겠어요."

"엄마는 태양이랑 대화를 하고 싶어서 그러신 걸 거야. 잘 생각해 보면 매일매일 어제와는 다른 특별한 일이 있을걸? 오늘 엄마가 물으시면 뭐라고 답할래?"

"맞다, 오늘은 인터뷰를 했어요."

"그래, 인터뷰를 했지. 그런데 그렇게 단답식으로 말하면 무슨 인터뷰를 어디서 어떻게 했다는 건지, 엄마가 아실 수가 없겠지?"

"그렇겠죠."

"오늘 있었던 일을 엄마께 말씀드린다 생각하고 한번 정리해 볼까? 이제부터 누나가 하는 질문에 대답해 봐. 어디에서, 누구랑 인터뷰를 했니?"

"광화문에서 방송국 기자 아저씨랑 인터뷰를 했어요."

"그렇지, 그렇게 대답해 보는 거야. 그 기자 아저씨는 왜 거기에서 인터뷰를 한 거야?"

"광화문을 복원하고 오늘이 첫 개방을 하는 날이었거든요. 기자 아저씨가 저한테 기분이 어떠냐고 물었어요."

"태양이는 어떻게 대답했니?"

"사실 대답을 잘 못 했어요. 광화문에 대해 조사도 했고 나름대로 느낀 점도 있었는데, 너무 떨려서 그만 엉뚱한 대답만 하다가 얼버무리고 말았어요."

"그랬구나. 기자 아저씨가 시간만 조금 더 있었어도 태양이의 대답을 이끌어 낼 수 있었을 텐데, 아쉽네. 아무튼 지금까지 태양이가 한 말을 정리해 보면 이렇게 되겠지? '태양이는 오

늘 광화문에서 텔레비전 방송국 기자 아저씨와 광화문 복원 이
후 첫 개방일을 맞은 소감이 어떤지에 대해 인터뷰를 했다. 그
런데 태양이는 너무 떨려서 생각했던 말을 제대로 하지 못했
다.' 맞니?"

"네, 맞아요."

"오늘 태양이에게 있었던 일을 정리한 이 두 문장에는 주어
도 있고 서술어도 있고 목적어와 보어도 있어. 그리고 더 중요
한 건 문장 각각의 소주제도 있다는 거야. 문장을 하나하나 자
세히 살펴볼까?"

태양이는 오늘 광화문에서 텔레비전 방송국 기자 아저씨와 광화문
누가 언제 어디서

복원 이후 첫 개방일을 맞은 소감이 어떤지에 대해 인터뷰를 했다.
왜 무엇을

그런데 태양이는 너무 떨려서 생각했던 말을 제대로 하지 못했다.
누가 왜 무엇을 어떻게

"태양아, 육하원칙이라는 말 들어 봤니?"
"그럼요. 누가, 언제, 어디서, 무엇을, 어떻게,

왜, 이렇게 여섯 개 맞죠?"

"그래, 그 여섯 가지가 글을 구성하는 기본 요소야. 기자가 기사를 작성할 때 기본이 되는 게 육하원칙이고, 뉴스 보도할 때도 이 여섯 가지가 반드시 들어가야 해. 그런데 이 요소들은 기사를 작성할 때만 필요한 게 아니야. 평소에 다른 사람에게 자신의 경험을 말하거나 글을 쓸 때, 연설을 할 때도 이 여섯 가지가 기본적으로 들어가야 하지."

"아까 인터뷰할 때도 이 여섯 가지를 중심으로 말했더라면 더 잘할 수 있었을 텐데⋯⋯."

이번에는 부끄러운 마음보다 아쉬운 마음이 더 크게 느껴졌다.

"태양이는 어떤 대답을 하고 싶었니? 만약 이런 기회가 또 생긴다면 그때는 어떻게 대답할래?"

"이렇게 얘기하고 싶어요. '저는 오늘 광화문이 새롭게 복원되어 문을 연다는 소식에 광화문을 찾았습니다. 광화문은 1926년 일제 강점기에 조선 총독부를 가린다는 이유로 위치가 옮겨졌습니다. 사람들은 광화문의 원래 모습과 위치를 되돌리고 싶어 했습니다. 이런 바람에 따라 4년 동안 공사를 했고, 이제 광화문은 원래의 자리, 원래의 모습으로 돌아왔습니다. 제

자리로 돌아온 광화문의 모습을 보니 가슴이 뭉클해지고 대한민국의 한 사람으로서 우리의 것을 소중히 여기고 잘 지켜야겠다는 생각이 들었습니다.'"

"우와, 대단한데! '100초 스피치' 같은 데 나가도 되겠어."

칭찬을 들으니 조금 쑥스러웠다. 하지만 마음 한편에서는 나도 연습만 하면 말을 잘할 수 있을 거라는 자신감이 불끈 솟았다.

몸도 글도 뼈가 튼튼해야 한대

"자신의 경험은 시간의 흐름에 따라 이야기해도 되지만, 기자가 기사를 쓸 때는 방식이 조금 다르다는 거 아니?"

"어떻게 다른데요?"

"기사는 어떤 사건이나 상황을 사람들이 한눈에 알아볼 수 있도록 써야 해. 그래서 대부분 주제를 먼저 말한 다음에 근거를 대는 **두괄식**을 사용하지. 연설문이나 논술문을 쓸 때도 많이 사용하는 방법이야. 글쓰기 방식에는 근거를 먼저 대고 나중에 주제를 말하는 미괄식도 있어."

"미괄식은 어떨 때 쓰는데요?"

"**미괄식**은 상대방이 계속 관심을 유지하도록 만들고 싶을 때 쓰는 방법이야. 나중에 '짠' 하고 결론을 낼 때까지 사람들이 주제를 궁금해할 테니까. 그리고 양괄식이라는 것도 있어."

"**양괄식**이라면 앞이랑 뒤, 양쪽에 주제가 있는 거죠?"

"딩동댕~! 이 방법들을 잘 기억해 두었다가 나중에 글을 쓸 때 활용해 봐."

나는 마음속으로 두괄식, 미괄식, 양괄식을 다시 한 번 정리해 보았다.

"조금 전에는 태양이가 오늘 있었던 일을 시간 흐름에 따라 말해 보았지? 이번에는 태양이가 기자가 되었다 생각하고 그 내용을 다시 정리해 볼래?"

"네? 어떻게 시작해야 할지 잘 모르겠어요."

"우선 첫째 문단에서 전체 내용을 간단하게 말하고, 둘째, 셋째 문단에서 내용을 자세히 설명하는 거야. 예를 들

글쓰기의 여러 방식 💬

두괄식(頭括式)
머리 두頭, 묶을 괄括, 법 식式. 글의 첫머리에서 중심 내용을 밝히는 글쓰기 방식

미괄식(尾括式)
꼬리 미尾. 글의 마지막에서 중심 내용을 밝히는 글쓰기 방식

양괄식(兩括式)
두 양兩. 글의 첫머리에서 중심 내용을 밝히고 마지막에 다시 한 번 강조하는 글쓰기 방식

어 둘째 문단에서는 광화문을 복원한 이유를 소개하고, 셋째 문단에서는 시민들의 분위기를 전달하면 어떨까? 이런 걸 바로 **개요**라고 해. 긴 글을 쓸 때나 사람들 앞에서 연설을 할 때 개요를 먼저 짜 놓고 시작하면 전체 내용을 쉽게 만들어 낼 수 있어."

"아하, 무작정 글을 쓰거나 말을 하지 말고 먼저 뼈대를 만들어야 한다는 거지요?"

알아 두기

기사 개요표

주제	광화문 복원 현장, 시민들의 표정
서론	광화문을 복원하는 이유와 현장을 찾은 시민들의 모습 등 대강의 내용을 간추린다.
본론 1	광화문을 복원하는 이유를 자세히 설명한다.
본론 2	새롭게 문을 연 광화문을 찾은 시민들의 모습을 전달한다.
결론	복원된 광화문을 잘 보존하자는 말로 끝을 맺는다.

"바로 그거야. 태양이는 정말 이해력이 빠르다니까!"

기자로 변신한 김태양

"자, 이제 개요도 짰으니 기사를 써 볼까? 광화문 현장에 나와 있는 기자처럼, 광화문에서 어떤 일이 일어나고 있는지 궁금해 하는 시청자들에게 텔레비전을 통해 소식을 전해 주는 거야. 준비 됐지?"

뉴스 기사

광화문 복원 현장, 시민들의 표정

여러분 안녕하십니까? 김태양입니다. 지금 제가 나와 있는 이곳은 4년 만에 우리의 품으로 다시 돌아온 광화문 복원 현장입니다.

서론: 화려하고 웅장한 모습의 광화문이 광복절인 8월 15일, 국민의 품으로 돌아왔습니다. 2006년에 시작된 광화문 복원 사업은 현판(글자나 그림을 새겨 문 위나 벽에 다는 나무판)을 다는 행사와 함께 마무리되면서 오늘 일반에 개방되었는데요, 광화문은 역사적인 순간을 함께하려는 시민들로 발 디딜 틈도 없이 붐비는 모습이었습니다.

본론 1: 광화문은 일제 강점기 이후 이어져 온 어렵고 힘든 역사를 끝내고 처음 세워진 위치에 원래의 모습으로 되돌아왔다는 점에 큰 의미가 있습니다. 광화문이 맨 처음 세워진 것은 조선 태조 때인 1395년입니다. 광화문은 경복궁 정문으로 세워졌습니다. 그런데 1926년 일제가 조선 총독부 청사를 새로 지으면서, 광화문은 조선 총독부의 시야를 가린다는 이유로 1927년에 경복궁 건춘문 북쪽으로 옮겨졌습니다. 그 뒤 2000년대 들어서면서 광화문을 나무로 만들고 원래 위치로 되돌려야 한다는 의견이 나오기 시작해 2006년에 복원 공사가 시작되었습니다.

본론 2: 원래 모습으로 돌아온 광화문을 바라보는 시민들은 우리 민족의 기운을 바로 세우는 역사적 순간을 기쁘게 바라보았습니다. 광복절 경축 행사와 함께 광복의 의미를 되새기던 시민들은 위풍당당한 모습을 되찾은 광화문을 보면서 대한민국의 국민으로서 자랑스러운 마음을 감추지 못했습니다.

결론: 앞으로 문화재청은 경복궁의 2차 복원 사업을 계속하여 문화 국가의 위상을 드높일 계획입니다.

이상 광화문 복원 현장에서 김태양 기자였습니다.

"누나, 저 잘했죠? 어, 스피치 누나 어디 있어요?"

마치 내가 기자가 된 것처럼 신이 나서 원고를 읽고 나니 스피치 누나가 보이지 않았다. 나는 누나를 찾아 두리번거리며 로데리아 밖으로 나왔다. 그때 어떤 아저씨 두 명이 내게 다가왔다. 한 아저씨는 방송국 카메라를 들고 있었다.

"학생, 잠깐만 시간 있어? MKC 방송국에서 나왔는데, 인터뷰 하나 해 줄 수 있을까?"

"광화문 복원에 관한 인터뷰요?"

"어, 그래. 준비됐지? 질문할게. 광화문 복원 현장을 찾았는데요, 기분이 어떤가요?"

"네, 제가 아직 어리기는 하지만, 대한민국의 국민으로서 광화문이 예전의 모습으로 다시 복원돼 오늘 개방된다는 말을 듣고 찾아왔습니다. 일제 강점기의 어려움을 이기고 이렇게 위풍당당하게 서울 시내 한복판에 다시 선 광화문의 모습을 보니까 가슴이 뭉클한 게 우리나라 국민인 것이 자랑스럽게 느껴졌습니다."

"학생, 말 정말 잘하네. 나중에 큰 인물이 되겠는걸. 오늘 인터뷰 정말 고마워. 저녁 아홉 시 뉴스에 나올 테니까 꼭 봐!"

'와, 내가 드디어 해냈어. 스피치 누나랑 연습을 했더니 말이 술술 나오네. 그런데 누나는 어디로 사라져 버린 거야? 어? 바닥에 떨어져 있는 이 두루마리는 뭐지?'

두루마리에는 스피치 누나가 나한테 남긴 말이 적혀 있었다.

"태양아! 두 번째 인터뷰는 정말 잘하더라. 이제는 떨지 않고 잘할 수 있겠지? 앞으로도 주제를 정해서 말하는 연습을 되풀이해 봐. 무작정 말하기보다는 머릿속으로 미리 생각해 본 다음, 말하고자 하는 내용의 뼈대를 세우는 연습을 계속해 가는 거야.

오늘은 열심히 했으니까, 특별히 쉬운 숙제를 내줄게. 친구들하고 장난처럼 써 왔던 인터넷 용어를 바른말로 고쳐 보는 거야. 처음에는 잘못된 표현인 줄 알면서도 장난삼아 인터넷 용어를 사용하지만, 나중에는 자기도 모르게 습관이 되어 버린단다. 그러니까 태양이도 앞으로는 인터넷에서 올바른 표현을 사용하는 버릇을 들이도록 해. 유찬이한테도 함께 고쳐 보자고 해 봐."

💬 다음 대화에 사용된 인터넷 용어를 올바르게
고쳐 보세요.

(대화를 시작합니다.)

닉쿤 : 야~ 진짜 오랜만이다. 잘 지냈어?

택연 : 아니… 나 요즘 캐안습이야.

닉쿤 : 왜?

택연 : 오늘 시험 치는 날인데 공부 하나도 안 해서 시험 오나전 망쳤어.

닉쿤 : 지못미 어떡하냐

택연 : 그러니까… 문제 딱 보는 순간 오나전 넘사벽이더라.
듣보잡 문제만 잔뜩 있더라.

닉쿤 : 으이구, 그러게 미리미리 공부 좀 해놓지 그랬어!

택연 : 응, 정말 짜증 크리야.

닉쿤 : 지대 짜증나겠네. ㅋㅋㅋ.

택연 : 아 나도 모르삼. 이따 만나서 얘기 하삼.

(대화를 종료합니다.)

💬 정답

(대화를 시작합니다.)

닉쿤 : 야~ 진짜 오랜만이다. 잘 지냈어?

택연 : 아니. 나 요즘 좋지 않아.

닉쿤 : 왜?

택연 : 오늘 시험 치는 날인데 공부 하나도 안 해서
시험 완전히 망쳤어.

닉쿤 : 정말 안타깝다. 어떡하냐?

택연 : 그러니까, 문제를 딱 보는 순간 너무 어려워서 풀기
힘들더라.
처음 보는 문제만 잔뜩 있었거든.

닉쿤 : 어이구, 그러게 미리미리 공부 좀 해 놓지 그랬어!

택연 : 응, 정말 신경이 많이 쓰이네.

닉쿤 : 걱정이 많이 되겠구나.

택연 : 아, 나도 모르겠다. 이따 만나서 얘기하자.

(대화를 종료합니다.)

4장

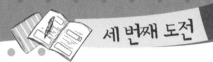

MC처럼
재치 있게

생일 파티의 불청객

"생일 축하합니다. 생일 축하합니다. 유찬이의 생일을 축하합니다~ ♬ 유찬아, **생일 축하해!**"

오늘은 유찬이의 생일이다. 학원 수업이 끝나자마자 부리나케 유찬이 집으로 뛰어갔다. 마침 생일 축하 노래가 끝나고 유찬이가 촛불을 끄고 있었다.

모인 사람들을 둘러보니 우리 반 한솔이와 유찬이 여자 친구 세리,

그리고 3반의 지훈이가 와 있었다. 지훈이는 유찬이와 5학년 때 같은 반이었던 아이다. 유찬이네 아파트 옆 동에 살고 있어서 유찬이 집에 자주 놀러 온다. 나랑도 몇 번 어울려 컴퓨터 게임을 한 적이 있다. 유찬이 옆에 꼭 붙어 있던 유미가 날 보더니 반갑게 웃었다.

"태양이 오빠, 저번 일요일 뉴스에서 오빠 인터뷰하는 거 봤어. 오빠, 말 되게 잘하더라. 정말 깜짝 놀랐어. 오빠 대단해, 정말 정말!"

"하하, 그냥 내 생각을 말했을 뿐인데 뭘. 근데 유미야, 내 팔에 멍들겠다. 그만 좀 때리면 안 되겠니?"

"앗, 미안. 내가 흥분하면 옆에 있는 사람을 때리면서 말하는 버릇이 있거든. 오빠 보니까 너무 반가워서 그만……. 어, 그런데 목에 건 형광펜은 뭐야?"

유미가 바그다드 형광펜을 만지작거리자, '펑' 하고 뭔가 터지는 소리와 함께 하얀 연기가 퍼졌다. 아이들은 갑작스런 상황에 어안이 벙벙해진 듯했다.

나도 모르게 나오는 이상한 버릇

"사람마다 말을 하면서 자기도 모르는 버릇이 나오곤 하지. 유미는 말할 때 상대를 치는 버릇이 있었구나."

"앗, 깜짝이야. 스피치 누나, 놀랐잖아요!"

"놀래 줄 생각은 아니었는데 누가 내 머리를 쓰다듬길 래……. 이왕 왔으니 오늘은 제스처, 그러니까 말할 때 나오는 몸짓을 알아볼까? 어디 보자, 지난 번 광화문에서 본 유찬이와 유미 말고 모르는 얼굴이 세 명이나 있네?"

아까부터 호기심 어린 눈빛으로 스피치 누나를 쳐다보고 있던 한솔이가 스피치 누나에게 냉큼 인사를 했다.

"안녕하세요? 저는 정한솔이에요."

"안녕, 나는 미스 스피치라고 해. 스피치 나라의 왕이신 우리 할아버지께서 태양이의……."

"누나, 이쪽은 지훈이랑 세리예요."

나는 누나가 내 고민을 말할까 봐 얼른 다른 친구들을 소개했다.

"안녕하세요? 저는 이지훈입니다."

"저는 오세리예요. 그런데 언니, 그 옷 어디서 샀어요? 독특

하게 생겼네요."

"세리가 보는 눈이 있네. 내가 바그다드에서 왔거든. 이 옷은 바그다드에서도 아주 옛날 사람들이 입었던 옷이야. 내가 워낙 복고풍을 좋아해서, 호호호."

"저도 하와이에 사는 고모가 선물해 주신 원피스가 하나 있어요. 너무 작아서 입지는 못하지만."

가만 놔두면 두 사람이 하루 종일 옷 얘기만 할 것 같아 스피치 누나가 아까 하다 만 얘기를 꺼냈다.

"누나, 아까 몸짓에 대해 알아본다고 했잖아요? 유미가 나를 때리는 것도 몸짓이에요?"

"그렇다고 할 수 있지. 태양이가 텔레비전에 나왔던 일이 무척 신기하고 놀라웠다는 말을 몸으로 표현하는 거야. 하지만 유미의 몸짓은 과장이 심하고 상대를 아프게 할 염려도 있으니까 자제하는 게 좋겠다."

"자제요?"

"**자제**란 스스로 그런 행동을 조심하도록 노력해야 한다는 뜻이야."

"오늘은 누나가 유미 좀 많이 가르쳐 줘야겠는데요?"

"아니. 오늘은 유미뿐 아니라 여기 모여 있는 친구들 모두 함께할 거야. 어때, 재미있겠지? 너희들 아직 서로 친한 사이가 아니어서 다 같이 뭘 할까 고민하고 있었잖아."

아니나 다를까, 유찬이가 고민한 게 바로 그거였다. 한솔이와 지훈이는 오늘 처음 만났고, 나도 세리를 본 건 처음이라 서로 서먹서먹했다. 그냥 같이 영화나 보자고 얘기할까 했는데 마침 스피치 누나가 나타나 준 것이다.

신나는 게임 시간

　"여기 모인 친구들이 모두 여섯 명이지? 지금부터 두 편으로 나누어 게임을 해 보자. 먼저 유찬이 편과 태양이 편으로 나눠 볼까?"

　"언니, 저는 태양이 오빠랑 같은 편 할래요. 그래도 되죠?"

　"유미가 태양이 오빠를 좋아하는구나!"

　스피치 누나가 히죽히죽 웃으며 나를 쳐다보았다. 그러자 다른 아이들도 모두 나를 힐끔거리며 킥킥 웃어 댔다. 그런데 유미가 한술 더 뜨는 것이 아닌가!

"네, 태양이 오빠가 제 남친이면 좋겠어요."

"유미야, 태양이 오빠가 얼마나 좋은데?"

"정말 정말 많이요."

유미는 손을 번쩍 들어 큰 원을 그렸다.

"다들 봤니?"

"유미가 태양이를 좋아한다고 말하니까 태양이 얼굴이 빨개진 거요?"

세리가 놀리듯 말했다. 유미 때문에 얼굴이 화끈거려서 아무 데라도 숨고 싶어졌다.

"아니, 유미가 큰 원을 그리는 모습 말이야. 그게 바로 몸짓이거든. 유미가 태양이를 좋아한다는 사실을 강조하기 위해 손을 사용했잖아. 몸짓은 말의 의미를 효과적으로 전달해 주기도 하고 말하는 사람에게 집중할 수 있도록 도와주는 역할을 하기도 해."

"누나, 몸짓은요, 말을 하지 않아도 상대가 무슨 생각을 하는지 알게 해 주는 거 같아요. 지금 태양이가 얼굴을 손으로 가리고 있는 건 숨어 버리고 싶을 정도로 창피

하다는 뜻이 아닐까요?"

한솔이 녀석까지 거들고 나섰다.

"한솔이는 하나를 가르쳐 주면 둘을 아는 똑똑한 학생이네. 바로 그게 몸짓의 세 번째 특징이야. 꼭 말을 하지 않아도 이렇게 몸짓만으로 자기 생각을 표현할 수 있거든. 그래서 오늘 해 볼 게 바로 '몸짓으로 말해요' 게임이야."

✒ '원숭이도 나무에서 떨어진다'를 몸으로?

스피치 누나가 박수를 두 번 치니 스케치북 두 개가 나타났다.

"이 스케치북에는 한국 고유의 속담이 쓰여 있어. 양쪽 대표가 어떤 속담의 뜻을 몸으로 설명하면 다른 친구들이 그 속담을 알아맞히는 거야. 예를 들어 '누워서 떡 먹기'라는 속담이 나오면 바닥에 누워서 떡 먹는 시늉을 하는 거지."

그러면서 스피치 누나는 바닥에 누워 뭔가를 먹는 듯 입을 오물거렸다.

"푸하하하. 스피치 누나, 똥배 나왔어요."

그러자 누나가 갑자기 나를 노려보더니 내 귀를 잡아당겼다.

"태양이 너, 자꾸 누나 놀리면 광화문의 비밀을 친구들한테 다 말해 버린다."

"아, 알겠어요. 그건 정말 우리 둘만의 비밀이에요. 알았죠? 이제 누나 안 놀릴게요!"

"그래, 알았어. 약속하지. 그 대신 다음부터 잠자는 사자의 코털을 건드리지 말라고!"

"태양이 오빠의 비밀? 그게 뭔데요?"

유미가 호기심 가득한 눈으로 스피치 누나와 나를 번갈아 보며 물었다.

"별거 아니야. 태양이가 나한테 빚진 게 좀 있거든. 자자, 이제 게임을 본격적으로 시작해 볼까?"

내가 스케치북을 펼치자 '원숭이도 나무에서 떨어진다'라는 속담이 나왔다. 나는 원숭이 흉내를 내다가 바닥에 쓰러졌다. 눈치 빠른 유미가 바로 정답을 맞혔다.

처음에는 몸으로 속담을 보여 주기가 좀 쑥스러웠지만, 하다 보니 재미가 붙었다. 결국 우리 편이 1분 동안 네 개를 맞히고 유찬이네 편이 세 개를 맞혀 우리 편이 이겼다.

"'몸짓으로 말해요'는 속담을 모르면 맞히기 어려운 게임이야. 이 게임을 하면 속담을 많이 익힐 수 있고, 몸짓을 어떻게

사용할지도 생각해 볼 수 있지. 이런 걸 두고 '일석이조'라고
하는 거야."

몸짓으로 말해요

인원수: 6명 이상
준비물: 속담이 10개 이상 적힌 스케치북 2개(스케치북 대신 큰 종이 한 장에 한 개씩 속담을 적어도 된다)

1. A와 B, 두 편으로 나누어 각각 대표를 뽑는다. 게임을 시작하기 전에는 스케치북을 열어 보지 않도록 한다.
2. '시작' 신호와 함께 A편 대표가 스케치북에 적힌 속담을 자기 편 친구들에게 설명한다. 1분 안에 몇 개의 속담을 맞히는지 센다.
3. A편이 끝나면 B편이 같은 방식으로 하여 맞힌 속담 개수를 비교한다.

★주의: 속담은 몸짓으로만 설명해야 하며, 소리를 내서는 안 된다.

생활 속의 속담

❶ 목마른 사람이 우물을 판다.
↘ [뜻]필요한 사람이 일을 하게 마련이다.

❷ 미운 자식 떡 하나 더 준다.
↘ [뜻]미운 짓을 하더라도 잘 대해 주면 결국 뉘우치게 된다.

❸ 하늘이 무너져도 솟아날 구멍은 있다.
↘ [뜻]아무리 큰 재난을 당해도 그 일을 해결할 방법이 있다.

❹ 핑계 없는 무덤 없다.
↘ [뜻]무슨 일이든 핑계를 댄다.

❺ 등잔 밑이 어둡다.
↘ **[뜻]**먼 데서 생긴 일은 알아도 가까운 데서 생긴 일은 모를
　경우가 많다.

❻ 사공이 많으면 배가 산으로 올라간다.
↘ **[뜻]**어떤 일을 하는 데 간섭하는 사람이 많으면 일이
　잘 되지 않는다.

❼ 아니 땐 굴뚝에 연기 나랴.
↘ **[뜻]**아궁이에 불을 때지도 않았는데 굴뚝에서 연기가 나겠느냐.
　즉, 모든 일에는 그 원인이 있다.

❽ 될성부른 나무는 떡잎부터 알아본다.
↘ **[뜻]**크게 될 사람은 어려서부터 남다르다.

❾ 윗물이 맑아야 아랫물이 맑다.
↘ **[뜻]**윗사람의 행동이 바르고 정직해야 아랫사람도 잘못을
　저지르지 않는다.

❿ 누워서 떡 먹기
↘ **[뜻]**매우 쉬워서 잘할 수 있다.

⓫ 작은 고추가 더 맵다.
↘ **[뜻]**몸집이 작은 사람이 큰 사람보다 더 야무지게 일을 잘한다.

⓬ 잘 되면 제 탓, 못 되면 조상 탓
↘ **[뜻]**일이 잘 되면 내가 잘했기 때문이라 여기고, 안 되면 남을
　원망하거나 운명 때문이라고 하며 책임을 돌린다.

⓭ 찬물도 위아래가 있다.
↘ **[뜻]**무슨 일이든 순서가 있으니 그 순서를 따라야 한다.

❹ 콩으로 메주를 쑨다 해도 안 믿는다.

↘ **[뜻]** 메주는 콩으로 만드는 게 틀림없는데도 이를 믿지 않는다.
즉, 남의 말을 절대로 믿지 않는다.

❺ 가재는 게 편이다.

↘ **[뜻]** 됨됨이나 형편이 비슷하고 인연 있는 것끼리 서로 편이 된다.

❻ 꼬리가 길면 잡힌다.

↘ **[뜻]** 나쁜 행동을 오랫동안 계속하면 결국 들키고 만다.

❼ 고래 싸움에 새우 등 터진다.

↘ **[뜻]** 강자들의 싸움 때문에 그 싸움에 관계도 없던 약자가
공연히 피해를 입는다.

❽ 꿩 대신 닭

↘ **[뜻]** 자기가 쓰려는 것이 없을 때, 그와 비슷한 것으로
대신 쓸 수도 있다.

❾ 구슬이 서 말이라도 꿰어야 보배다.

↘ **[뜻]** 아무리 좋은 것이라도 쓸모 있게 만들어 놓아야 가치가 있다.

❿ 닭 잡아먹고 오리발 내민다.

↘ **[뜻]** 나쁜 일을 해 놓고 그 일이 드러나지 않게 어떤 수단을 써서
남을 속인다.

내 마음을 맞혀 봐

"속담 맞히기 게임으로 몸도 풀었으니까 약간 더 어려운 게임에 도전해 볼까?"

스피치 누나가 손뼉을 짝짝 치자 이번에는 작은 주머니가 '펑' 하고 나타났다.

"이 주머니 안에는 여러 개의 낱말 카드가 들어 있어. 그 카드에는 다양한 감정을 나타내는 단어가 쓰여 있지. 조금 전에 했던 속담 맞히기 게임과 하는 방법은 똑같아. 각 편의 대표가 카드를 한 장 뽑아 거기에 적힌 감정을 몸으로 설명하고, 나머지 사람들이 그 감정을 맞히는 게임이야. 예를 들어 '환희'라는 단어가 뽑히면 어떻게 표현할까?"

"저 같으면 깡충깡충 뛸 거예요."

"유미다운 표현이네. 그런데 그냥 뛰기만 하면 도망가는 것처럼 보일지도 모르니까, 깡충깡충 뛰면서 환하게 웃는 표정을 지으면 좋겠지? 만약 '실망'이라는 카드가 나오면 어깨를 축 늘어뜨리고 먼 산을 바라보는 눈짓을 할 수 있을 거야."

"그러니까 감정 연기를 하는 거네요?"

"그렇지. 세리 말대로 일종의 연기라고 할 수 있어. 이번에는 세리와 유미가 편을 바꿔서 도전해 보면 어떨까?"

그러자 유미의 표정이 대번에 바뀌었다.

"전 계속 태양이 오빠와 같은 편을 하고 싶은데……."

"얘들아, 유미의 표정 봤니? 호호, 저게 바로 실망스러운 표정이야. 어떻게 하는지 알겠지? 유미가 그렇게 원한다면 계속 태양이랑 같은 편을 하도록 해. 세리도 그게 더 좋겠지?"

"어, 정말요? 아싸!"

"지금 유미의 반응은 '기쁨'이라고 할 수 있겠네. 유미를 보니까 너희들이 내가 생각해 낸 것보다 훨씬 좋은 몸동작을 보여 줄 수 있을 거 같은데 아까는 유찬이랑 태양이가 몸동작을 했으니 이번에는 다른 사람이 표현해 볼까?"

스피치 누나의 제안에 따라, 이번에는 한솔이와 세리가 주머니에서 카드를 꺼내 여러 가지 감정을 표현했다.

눈을 커다랗게 뜨고 몸을 부들부들 떠는 모습에서는 두려움이 느껴졌고, 엉엉 우는 듯한 얼굴 표정에서는 슬픔이 느껴졌다. 나는 한솔이가 손톱을 물어뜯으며 왔다 갔다 하는 동작을 보고 '조마조마함'이라는 단어를 맞히기도 했다.

이번 게임에서는 유찬이네 편이 3 대 2로 우리 편을 이겼다.

감정 표현 놀이

인원수: 4명 이상
준비물: 기쁨, 실망, 슬픔, 감격, 행복, 지루함, 무서움, 조마조마함, 거만함, 피곤함 등 감정을 나타내는 낱말이 적힌 카드, 작은 주머니(주머니에 낱말 카드를 넣어둔다)

1. 낱말을 설명할 사람을 한 명 뽑는다.
2. 뽑힌 사람은 주머니에서 카드를 하나 꺼낸다.
3. 카드에 적힌 낱말을 다른 친구들이 맞힐 수 있도록 몸으로 설명한다.
4. 친구들끼리 돌아가면서 몸동작으로 설명한 뒤, 가장 잘한 사람을 뽑아 본다.

★주의: 단어를 설명할 시간은 '30초'나 '1분' 단위로 미리 정해 둔다.

✎ 발표할 때 몸을 비비 꼬는 건 왜일까?

"다양한 감정을 몸으로 표현해 보니 어때?"

"처음에는 말을 하지 못해 답답했는데 점점 재미있어졌어요. 동작만으로도 제 감정을 표현할 수 있다는 사실이 신기하기도 하고요."

"세리 말처럼 우리는 동작만으로도 다른 사람들의 감정을 알아차릴 수 있어. 발표나 연설에서도 이와 비슷해. 청중은 앞에 나와 말하는 사람의 동작을 보고 지금 어떤 기분인지 알 수 있는 거지."

"발표할 때 몸을 비비 꼬거나 머리를 자꾸 만지는 사람도 있던데, 그것도 감정 표현이에요?"

'앗, 지훈이가 내 얘기를 하는 건가? 참, 지훈이는 내가 발표하는 걸 본 적이 없지. 괜히 마음이 찔리네.'

"지훈이 말이 맞아. 아마 여기에도 속으로 찔리는 사람이 있을 것 같은데? 하하하. 그런 동작은 흔한 거니까 너무 고민하지는 마. 그렇게 자신도 모르게 나오는 행동을 알아차리고 지금부터라도 고쳐 나가면 되니까."

스피치 누나가 마치 나를 두고 말하는 것 같아 한순간 움찔했다. 하지만 그런 행동은 특이한 게 아니고 고칠 수 있다고 하니 다행이다.

"전교 어린이 회장 선거에 후보로 나가 선거 공약을 발표하거나 말하기 대회에서 연설을 해야 한다고 생각해 봐. 그럴 때 여러 사람 앞에서 자세가 얼마나 중요한지 알겠지?"

"네! 여러 사람 앞에 설 때는 머리를 긁거나 코를 후벼서는 안 돼요."

유미가 신이 나서 말했다.

"바지 지퍼가 내려가지 않았는지도 잘 살펴봐야 해요."

한솔이가 키득키득 웃으며 덧붙였다.

"그래, 유미랑 한솔이가 주의 사항을 잘 말해 주었어. 여러 사람 앞에 설 때 주의할 자세로는 이런 것도 있지. 자, 그림을 살펴볼까?"

❶ 깔보는 자세 💬　❷ 불량한 자세 💬　❸ 나약한 자세 💬　❹ 자신감 있는 자세 💬

누나의 말과 함께 우리 앞에 갑자기 커다란 그림이 나타났다.

"어? 그림 주인공이 태양이 오빠네요?"

유미가 소리치기에 '설마' 하며 그림을 보니 진짜 나였다.

'스피치 누나는 왜 하필 나를 그려 놓은 거야? 창피하게.'

"자자, 모델에는 너무 신경 쓰지 말고, 다들 자세에 주목하도록! 그림❶은 뒷짐을 지고 있는 자세야. 다른 사람을 내려다보거나 깔보는 듯한 느낌을 주지. 그림❷는 주머니에 손을 넣고 있어. 이런 자세를 보면 어떤 느낌이 드니?"

"건방지고 예의 없는 아이로 보여요."

유찬이가 대답했다.

"그래. 여러 사람 앞에 설 때는 좋은 모습을 보여야 하는데 이런 태도는 불량하다는 느낌을 주기 때문에 바람직하지 않아."

"그 옆의 그림은 정반대인 것 같아요. 엄청 소심해 보이는데요?"

세리가 그림❸을 가리키며 말했다. 손을 앞으로 모으고 움츠린 자세가 내 눈에도 자신감 없고 나약하게 보였다.

"다른 친구들 생각도 그렇지? 그렇다면 어떤 모습이 가장 보기 좋고 바람직할까?"

"그림❹요. 저 그림이 평소 태양이 오빠 모습이에요."

유미가 싱글벙글한 얼굴로 그림과 나를 번갈아 보며 말했다.

"맞아. 그림❹는 양손을 바지 옆선에 살며시 두고 어깨를 쫙 펴고 있지? 말하는 사람의 자신감이 느껴지는 가장 좋은 자세야. 기도할 때처럼 양손을 모은 채 배와 가슴 사이에 둔다거나, 노래하듯 양손을 모으고 배꼽 위치에 두는 것도 좋은 자세에 속해."

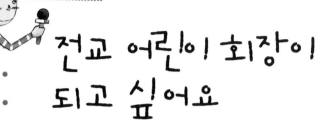

Speech

전교 어린이 회장이 되고 싶어요

"스피치 누나, 저 좀 도와주세요!"

누나의 설명을 열심히 듣던 지훈이가 갑자기 말을 꺼냈다.

"우리 학교에서 이번에 전교 어린이 회장 선거를 하는데, 저도 나가고 싶거든요. 그런데 엄마는 저한테 신경 쓸 겨를이 없다고 나가지 말라고 하세요. 요즘 아빠가 하시는 일이 잘 안 돼서 엄마도 회사에 나가시거든요. 그래도 저는 전교 회장을 꼭 해 보고 싶어요."

"그래? 지훈이가 전교 회장에 당선되려면 누나 힘만으로는 안 돼. 다른 친구들이 도와줘야지."

누나가 우리 쪽으로 얼굴을 돌리며 물었다.

"너희들, 지훈이를 도울 수 있겠니?"

"그럼요. 지훈이는 4학년 때부터 지금까지 학급 회장을 했는데 통솔력이 아주 뛰어났어요."

유찬이의 말에 나도 지훈이를 돕겠다고 했다.

"지훈이를 오늘 처음 보긴 했지만 좋은 친구 같아요. 지훈아, 나도 도울게."

한솔이가 지훈이를 돌아보며 씩 웃었다.

"저도 도울게요. 여자 애들 표는 걱정 마. 내가 책임질 테니까."

새침한 세리도 지훈이한테는 부드럽게 대하는 것 같았다. 유찬이랑 친한 아이라 그런가?

그때 지훈이가 책가방에서 공책을 꺼내더니 스피치 누나에게 내밀었다.

"누나, 이것 좀 봐 주세요. 제가 쓴 연설문인데 자신이 없어서요."

스피치 누나는 연설문을 눈으로 읽더니 미소를 지으며 말했다.

"연설문은 잘 썼네. 그런데 연설문 내용도 중요하지만 발표하는 사람의 태도와 목소리와 몸짓도 아주 중요해. 지금부터 그 세 가지를 하나씩 배워 보자. 다른 친구들도 나중에 여러 사람 앞에서 말할 때를 대비해 잘 들어 두도록!"

"네!"

우리는 일제히 대답했다.

전교 어린이 회장 출마 연설문

안녕하세요? 이번 전교 어린이 회장 선거에 출마한 이지훈입니다.

저는 우리 학교를 위해 충실히 일하는 빛과 소금이 되고 싶습니다.

첫째, 빛은 언제나 우리를 어둠에서 환하게 비춰 주고 따뜻하게 해 줍니다. 왕따 없는 학교, 욕을 하는 학생이 없는 학교, 모두가 밝게 웃으며 다닐 수 있는 학교를 만들기 위해 노력하겠습니다. 그리고 선행과 봉사를 솔선수범해 언제나 추운 겨울보다는 따뜻한 봄이 되는 학교를 만들겠습니다!

둘째, 소금은 간을 맞추고 음식을 맛있게 해 주기 때문에 없어서는 안 되는 존재입니다. 제가 전교 어린이 회장이 된다면 언제나 학교에서 소금처럼 간을 맞추는 이지훈이 되도록 노력하겠습니다.

실내화가 닳아 구멍이 나도록 열심히 발로 뛰는 회장이 되겠습니다.

저 이지훈을 뽑아 주세요! 여러분의 소중한 한 표를 기다리겠습니다.

거울이랑 인사를 나누자

"지훈아, 먼저 거울 앞에 편안히 앉아서 네 얼굴이 보이도록 자세를 잡아 봐."

지훈이는 유찬이네 거실에 걸린 큰 거울 앞에 의자를 가져다 놓고 앉았다. 스피치 누나가 거울 옆에 서고 우리는 지훈이 뒤쪽 바닥에 앉았다.

"얼굴을 잘 보면서 활짝 **웃어 봐.** 자신감 있는 표정으로 '안녕하십니까? 이지훈입니다,' '안녕하세요? 이지훈이에요' 하고 인사해 봐."

지훈이가 어색하게 웃으며 인사를 했다. 나 역시 지금 하라고 하면 저런 표정을 짓지 않을까?

"표정이 자연스럽게 나오지 않지? 갑자기 인사를 해야 할 때나 여러 사람 앞에서 말을 해야 할 때, 자기도 모르게 얼굴이 굳어지는 경험을 다른 친구들도 해 봤을 거야."

"사진 찍을 때도 그래요. 잘 웃던 애들도 카메라만 들이대면 무표정이 돼요."

"그래, 세리가 잘 말해 주었어. 그렇기 때문에 우리는 자신의 평소 표정이 어떤지 미리 알고 있어야 해. 거울을 보면서 자연스럽게 표정 짓는 연습을 해 보는 거지. 그리고 그때 얼굴 근육이 어떻게 움직이는지 잘 기억해 두었다가 필요할 때 그 표정을 만들어 내는 거야."

"얼굴 근육이라고요?"

처음 들어 본 단어라는 듯 유미가 되물었다.

"응. 얼굴 근육도 평소에 잘 풀어 주지 않으면 좋은 표정이 나오지 않아. 사진 찍을 때 '김치'라고 외치거나 '개구리 뒷다리' 하면서 자연스럽게 웃음을 만들어 내지? 마지막 음절이 모음 '이'로 끝나는 건 웃음을 만들어 내는 마법 같은 단어야. '이'라는 발음을 하려면 입을 양옆으로 길게 벌리게 되잖아. 여기에 **리듬감**을 실어서 양쪽 입꼬리를 위로 바짝 올리면 되는 거야."

스피치 누나의 설명을 들으며 나도 입을 길게 벌리고 입꼬리를 올려 보았다.

"둘씩 짝을 지어 연습해 볼까? 유찬이와 세리, 태양이와 유미, 한솔이와 지훈이, 이렇게 둘씩 서로 마주 보고 활짝 웃어 봐."

앞에 있는 사람이 웃고 있으니 나 또한 웃음 짓기가 쉬워졌다.

"자연스러운 미소는 사람들에게 자신감을 나타내기도 하고 친근함을 주기도 해. 특히 발표하는 사람이 여유 있어 보여서

듣는 사람도 신뢰감을 느끼게 되지. 무대나 단상에 섰을 때 가
장 기본적이면서도 중요한 점이 바로 자연스럽게 미소 짓기
란다."

지훈이가 가장 진지한 얼굴로 스피치 누나의 이야기에 귀를
기울이고 있었다. 나도 나중에 아나운서 시험을 보려면 지금
이 말을 명심해야겠다.

하고 싶은 말을 몸짓으로 강조하자

"이제 한 문장씩 말하면서 손동작을 익혀 보자. 우선 첫 문
장을 읽어 봐."

저는 우리 학교를 위해 충실히 일하는 빛과 소금이 되고 싶습니다.

"지훈아, 이 문장에서는 '저는'이라는 단어를
말하며 오른손을 가슴에 얹고, '빛과 소금'을 한
단어씩 또박또박 말하며 사람들을 똑바로 바라
보는 거야. 이때 자신감과 다부진 각오가 몸짓

에서 드러나야 해. 그러니까 동작은 단호하고 힘차게 하는 것이 중요해."

"이렇게요?"

지훈이가 스피치 누나의 설명에 따라 동작을 해 보였다.

"그래, 좋아."

첫째, 빛은 언제나 우리를 어둠에서 환하게 비춰 주고 따뜻하게 해 줍니다.

"'첫째'라고 하면서 오른손 집게손가락을 세워 가슴 앞쪽으로 내밀어 봐. 이렇게 하면 사람들의 시선을 모을 수 있어. 그리고 사람들이 두 번째 내용이 곧 나온다는 것을 예상할 수 있게 되지."

"여러 사람 앞에서 말할 때는 몸짓이 중요한 거네요?"

내가 묻자 스피치 누나가 고개를 끄덕였다.

"그렇지. 자칫 잘못하면 사람들이 지루해 하거나 딴생각을 하게 되거든. 정해진 시간 동안 사람들의 눈과 귀를 붙들어 둘 수 있는 말과 행동과 표정이 그래서 중요한 거야."

둘째, 소금은 간을 맞추고 음식을 맛있게 해 주기 때문에 없어서는 안 되는 존재입니다.

"'둘째'라고 말할 때도 집게손가락과 가운뎃손가락을 가슴 앞쪽으로 내밀어 아까처럼 숫자를 표현하면 되겠지?"

실내화가 닳아 구멍이 나도록 열심히 발로 뛰는 회장이 되겠습니다.

"이 부분을 위해서 실내화 한 짝을 미리 준비하도록 해."

"실내화요?"

지훈이가 물었다.

"아이들의 관심을 불러일으키고 재미있는 분위기를 만들기 위한 준비물이야."

"졸고 있는 아이에게 실내화를 던지는 건가요?"

한솔이가 익살스러운 표정으로 실내화 던지는 흉내를 냈다.

"전교 어린이의 모범이 되어야 할 회장이 그런 행동을 하면 안 되지. 실내화는 던지는 게 아니라 높이 들어서 아이들에게 보여줄 거야. 발로 열심히 뛰겠다는 지훈이의 의지를 표현하는 물건이거든. 실내화를 높이 든 상태에서 '열심히 발로 뛰는 회장'이라는 부분을 힘주어 말하면 돼."

저 이지훈을 뽑아 주세요!

"'저 이지훈을'이라고 말할 때는 오른손을 가슴 위에 둔 다

음 왼쪽으로 시선을 돌려서 그쪽 청중을 은근히 바라보도록
해. '뽑아 주세요'에서는 두 주먹을 불끈 쥐고 가슴 앞쪽으로
내밀면서 시선을 오른쪽으로 옮기는 거야. 지훈이의 굳은 의지
를 표현하는 거지."

고개를 오른쪽으로 돌리는 지훈이의 얼굴에서 정말로 단단
한 각오가 느껴졌다.

◢▉ 여러분의 소중한 한 표를 기다리겠습니다.

"마지막 '기다리겠습니다'는 말이야, 주먹을 쥐었던 손을
쫙 펴고 앞으로 내밀면서 가운데 있는 사람
들을 바라보도록 해. 이때 입가에는

자신감이 넘치는 미소를 띠는 게 좋아."

"연설문에다 동작까지 외우려면 연습을 많이 해야겠어요."

"맞아. 아무리 말을 잘하는 사람이라도 연설 전에 철저하게 준비하지 않으면 성공하기 어려워. 두세 번 정도로 끝내선 안 되지. 원고를 확실히 외우는 데서부터 **눈짓, 손짓, 목소리의 크기**까지 완벽해질 때까지 연습해야 돼. 지훈아, 지금 내가 한 말 들었니?"

"네? 아, 네. 드, 들었어요."

"아닌 것 같은데. 지금 지훈이 눈동자가 누나한테 거짓말이라고 말해 주는걸? 거짓말을 하니까 누나 눈을 제대로 보지 못하잖아."

지훈이 얼굴에 당황한 표정이 그대로 드러났다. 지훈이가 잠깐 딴생각을 한 모양이었다.

"죄송해요. 사실은 텔레비전에서 오바마 대통령이 연설하던 모습을 생각하고 있었어요."

"그랬구나. 미국의 버락 오바마 대통령은 연설을 아주 잘하는 사람이야. 오바마 대통령은 연설을 시작하기 전에 연설할 때의 모습을 미리 상상해 본대. 무대에 설 때도 오른손을 높이 들어 사람들에게 흔들어 보이면서 당당하게 등장하지."

"그분은 항상 웃고 있는 얼굴이었던 것 같아요."

"맞아. 연설하는 사람이 웃고 있으면 보는 사람도 마음이 편안해지지."

"이제부터는 유명한 사람들이 텔레비전에서 연설하는 모습을 유심히 봐야겠어요."

"지훈이가 마음을 단단히 먹은 모양이구나. 무엇보다 중요한 점은 연설문을 쓸 때 진심을 담아야 한다는 거야. 그렇지 않으면 말하는 사람 스스로가 어색한 느낌을 떨칠 수 없는 데다가 자연스레 그런 마음이 몸짓으로 나오게 돼. 그러면 듣는 사람은 '저 사람의 말과 행동이 뭔가 부자연스럽구나' 하고 느끼게 되겠지."

"저는 정말로 우리 학교 학생들을 위해 발로 뛰는 회장이 되고 싶어요."

"지훈이의 각오가 그렇다면, 그런 굳건한 마음이 분명히 친구들에게 전달될 거야. 너무 걱정하지 말고 열심히 해 봐."

위기 상황도 연습해 보자

"연설 연습은 방금 했던 것처럼 꾸준히 하면 돼. 그런데 실제 연설을 할 때 예상하지 못한 상황이 벌어진다면 지훈이는 어떻게 할래? 예를 들어, 마이크가 안 나온다거나 청중이 너무 시끄럽고 지훈이가 하는 말에 집중을 하지 않을 때 말이야."

"생각만 해도 식은땀이 나는 거 같아요. 정말 그렇게 되면 어떻게 하죠? 무슨 일이 생길지 모르니까 연습할 수도 없잖아요."

"왜 연습을 못 해? 일어날 법한 상황을 미리 생각해서 대비하면 되지. 아나운서들도 생방송 도중에 일어날 만한 사고를 미리 대비하는걸?"

"아나운서들도 그런 준비를 해요?"

세리가 눈을 빛내며 물었다.

'세리도 아나운서에 관심이 있나?'

나는 갑자기 호기심이 생겼다.

"어떤 아나운서는 방송 들어가기 전에 방송 사고에 대비한 사과의 말을 항상 준비한대. 갑자기 일이 벌어지면 아무리 노련한 아나운서라도 심장이 쿵쾅쿵쾅 뛰면서 당황하게 되거든. 그러니까 지훈이도 떨리는 게 당연해."

"그러면 어떻게 대비하는 게 좋을까요?"

지훈이는 정말 걱정스러운 듯 스피치 누나에게 도움을 요청했다.

"연설하는 도중 갑자기 마이크가 꺼졌을 때는 말이야, 잠시 하던 말을 멈추고 마이크를 살짝 두드려 봐. 음향 장비를 다루는 사람에게 마이크가 작동하지 않는다는 사실을 알려 줘야 하니까."

"그래도 마이크가 나오지 않으면요?"

"그럴 때는 우선 단상 옆으로 나와서 사람들이 지훈이를 잘 볼 수 있도록 해. 그러고는 목소리를 한층 높여서 연설을 계속하는 거지. 단상에서 마이크를 들고 말할 때보다 몸동작이나 손짓도 더욱 크고 확실하게 해 줘야 해. 사람들은 청각뿐 아니라 시각을 통해서도 상대의 뜻을 이해할 수 있거든."

"사람들이 제 말에 집중하지 않고 자기들끼리 떠들면 어떡해요?"

"그럴 때는 잠시 연설을 멈춰 봐."

"네? 말을 하지 말라고요?"

"소란이 잦아들 때까지 기다리는 것도 하나의 방법이거든. 연설하던 사람이 갑자기 말을 멈추면 사람들은 무슨 일인가 싶어 연설자를 쳐다볼 거야. 그때 다시 연설을 시작해. 단, 아까보다 작은 소리로!"

"작은 소리로 말하면 안 들리잖아요?"

"그렇지. 사람들은 소리가 작으니까 무슨 말을 하는지 궁금해서 귀를 더 기울일 거야. 바로 그 점을 노리는 거지."

"아아!"

생각지도 못했던 효과에 우리는 모두 고개를 끄덕였다.

"마지막으로, 연설 도중 원고 내용이 생각나지 않으면 어떻게 할까?"

"저도 수업 시간에 발표할 때 그런 적이 많았어요."

스피치 누나가 세 번째 돌발 상황을 말하자마자 유찬이가 기다렸다는 듯 소리쳤다.

"누구나 그런 경험이 있을 거야. 여러 사람 앞에서 말할 때는 대개 긴장을 하기 때문에 원고를 잊어버리는 경우가 흔하지. 이런 사고를 대비하려면 어떻게 해야 할까?"

"그야, 사전에 원고를 달달

위기 상황에 대처하는 방법 💬

마이크가 꺼졌을 때
마이크를 살짝 두드려 본다. 그래도 나오지 않으면 단상 옆으로 나와서 목소리와 몸짓을 크게 하여 연설한다.

청중이 연설자에게 집중하지 않고 주변이 어수선할 때
잠시 연설을 멈추었다가 작은 소리로 다시 말을 시작한다.

원고 내용을 잊어버렸을 때
침착하게 원고의 큰 줄기를 떠올리면서 이야기한다.

외워야 하지 않을까요?"

스피치 누나가 고개를 가로저었다.

"무조건 외우는 것만으로는 부족해. 발표 준비를 할 때 전체 내용을 이해하고 머릿속에 그림을 그려 보는 게 중요하지. 큰 줄기만 머릿속에 넣고 있으면 표현이 조금 달라져도 내용 전달에는 문제가 없으니까."

"아아, 그렇구나."

MC처럼 말이 술술 나온다면

"지훈아, 이번에는 이 원고를 가지고 생방송을 진행하는 것처럼 해 봐."

원고를 살펴보던 지훈이가 고개를 갸웃거렸다.

"누나, 원고가 조금 이상해요. 군데군데 글이 빠져 있는데요?"

"빈칸이 조금 많지? 그 부분은 지훈이가 직접 채워 보는 거야. 다른 친구들도 둘씩 짝을 지어 원고를 읽으면서 빈칸을 채워 봐. 이런 연습을 많이 하다 보면 순간적으로 판단해서 말할 수 있는 순발력이 생길 거야. 원고가 없는 상황에서도 머뭇거리거나 더듬지 않고 말이 술술 나오게 되는 거지."

생방송 〈오늘 만나요〉

MC 1: 안녕하세요? 생방송 〈오늘 만나요〉의 OOO입니다.

MC 2: 안녕하세요? OOO입니다.

MC 1: OOO 아나운서, 만약에 초능력을 한 가지 가질 수 있다면 어떤 초능력을 가지고 싶으세요?

MC 2: (자신의 의견) _____.

MC 1: (상대의 말에 적절하게 호응하는 말) _____.
네티즌들을 대상으로, 가장 갖고 싶은 초능력에 대해 설문 조사를 한 결과, 시간이나 공간을 이동할 수 있는 순간 이동 능력이 1위를 차지했다고 해요.

MC 2: 네, 저도 그 설문 조사 결과를 봤는데요,_____
_____.

MC 1: (앞의 내용에 호응) _____.
2위는 모든 병을 고칠 수 있는 치유 능력이고, 3위는 다른 사람의 마음을 읽는 독심술이더라고요. 하나같이 욕심나는 초능력이었어요.

MC 2: 맞아요. 그런 초능력을 갖게 된다면,_____.

그럼 OOO 아나운서는 어떤 초능력을 가장 갖고 싶으세요?

MC 1: 저는요, _____.

MC 2: 이럴 줄 알았어요. 먹는 얘기 빼면 OOO 아나운서가 아니죠.

MC 1: 네! 당연하죠. _____.

그래서 오늘도 여러분을 위해 제대로 먹는 얘기 준비해 왔습니다. 별미 중의 최고

별미, 지금 화면으로 만나 보시죠.

도입부	어떤 초능력을 갖고 싶으세요? (즉흥 대사 내용)
본론 1	가장 갖고 싶은 초능력 설문조사 결과
본론 2	어떤 초능력을 갖고 싶으세요? (먹는 얘기 관련 즉흥 대사 내용)
화면 소개	최고의 별미 소개

✎ 연설문을 쉽게 기억하는 법

"이번에는 또 다른 원고야. 천천히 읽으면서 전체 원고 내용
을 파악하고 핵심 문장을 개요표로 작성해 봐. 이 개요표는 연
설할 때 절대 빼먹지 말아야 할 부분이야."

생방송 〈오늘〉 MC용 원고

안녕하세요?(큰 소리로 밝게 외치듯)

생방송 〈오늘〉의 (살짝 쉬고) OOO입니다.

지금이 저녁때인데요, 오늘 저녁 메뉴로 어떤 음식을 드시고 계신가요? 초등학생들이 가장 좋아하는 외식 음식 1위(집게손가락을 세워서 가슴 앞으로 힘차게 내밀며), 저는 오늘 자장면이 먹고 싶네요. 후루룩 소리를 내며(자장면을 먹는 동작) 맛있게 한 그릇 비우고 배를 통통 두드리면(배를 두드리며 '잘 먹었다' 하는 표정) 너무 좋을 거 같은데 말이죠.

이렇게 모든(두 손으로 큰 원을 그리며) 사람이 좋아하는 자장면을 누구든 언제나 먹을 수 있도록, 자장면 봉사 활동을 벌이고 계신 분이 있다고 하네요(궁금해 하는 표정). 월요일에는 고아원으로(양손을 기도하듯 모으고 고개를 왼쪽으로 갸웃), 수요일에는 양로원으로(이어서 고개를 오른쪽으로 갸웃), 주말에는 노숙인들이 모인 서울역 광장으로 자장면 봉사를 나가는 분인데요(앞을 응시하며 자신감 있는 목소리로).

세상에는 이처럼 어려운 이웃들을 위해 봉사를 하는 분들이 참 많습니다. 어려운 이웃의 머리를 잘라 주는 미용 봉사, 어르신들의 영정 사진, 그러니까 제사나 장례를 지낼 때 쓰는 사진을 예쁘게 찍어 주는 사진 봉사 등을 하며 이웃들을 위해 자신의 능력을 쓰고 계시는 분들입니다.

이처럼 세상의 날개 없는 천사와 같은 분들을, 저희 생방송 〈오늘〉에서 카메라에 담아 봤습니다. 화면으로

만나 보시죠(오른손을 내밀어 소개하듯 앞에서 오른쪽으로 손을 뻗는다).

도입부	
본론 1	
본론 2	
화면 소개	

"개요표 다 썼니? 그러면 거울 앞에서 연습을 해 보자."

"괄호 안에 적힌 그대로 해야 하는 거예요?"

"더 좋은 몸동작이 떠오르면 그렇게 해도 돼. 하지만 동작이 너무 많으면 청중이 내용에 집중하지 못하거나 내용을 과장되게 이해할 수 있어. 그러니 적절한 수준을 지켜야지."

"동작이 많다고 좋은 게 아니구나."

"내용을 어느 정도 파악하고 동작도 자연스러워졌으면 이제 전체 원고를 내려놓고 개요표를 들어 봐. 개요표만 가지고 전체 내용을 떠올리면서 연습해 볼 거거든."

"개요표만 가지고요?"

"응. 개요표만 보고도 더듬거리지 않고 내용을 정확하게 전달할 수 있게 되면 개요표도 내려놓고 거울을 보면서 연습하는 거야. 아나운서들이 방송을 하면서 사용하는 방법인데, 지훈이 같은 초등학생들이 많은 사람들 앞에서 연설할 때도 이 방법을 이용하면 아주 좋아."

"발표 수업 준비할 때도 언니가 가르쳐 준 방법으로 하면 문제없겠는데요."

"그래. 세리 말처럼 다른 친구들도 지금 이 방법을 잘 알아 두면 나중에 도움이 될 거야. 지훈아, 이번 선거에서 어린이 회장에 꼭 당선되길 바랄게."

"고마워요, 누나."

"애들아, 너희들도 끝까지 도와줄 거지? 우리 지훈이 힘내라고 응원해 볼까? 자, 하나 둘 셋, 아자!"

우리 모두 입을 모아 외쳤다.

"참, 오늘 숙제는 사투리 공부야. 여러 지역의 사투리를 알아보면서 표준어와 사투리가 어떻게 다른지 비교해 보는 거지. 연극 대본으로 재미있게 만들어 봤으니까 친구들이랑 역할을 정해서 같이 해 봐."

100초 스피치

❶ 주제를 하나 정해서 개요표를 쓴다. 100초짜리 스피치의 경우에는 '서론-본론 1-본론 2-결론' 정도의 형식이 알맞다.

❷ 개요표를 보고 자신이 말할 내용을 정리해서 글로 써 본다.

❸ 정리한 글을 눈으로 한 번, 소리 내어 한 번 읽어 본다.

❹ 내용이 머릿속에 다 들어왔다면, 글은 보지 말고 개요표만 보고 발표를 해 본다.

❺ 마지막으로 개요표도 보지 말고 거울 앞에서 발표를 해 본다. 거울을 보면서 자신이 자연스럽게 말하고 있는지 확인한다.

경상도 사투리로
연극을 해 봅시다

〈흥부놀부전〉

등장인물: 흥부, 흥부 부인, 흥부 자식들, 놀부, 놀부 부인

흥부 자식들: 엄마~, 배고프다. 밥 좀 도~!

흥부 부인: 보소 여보, 아들 배고프다는데, 행님 댁에 가서 좁쌀 한 되라도 좀
꾸어 와 보소.

흥부는 형 놀부를 찾아가서 공손히 부탁했습니다.

흥부: 행님, 염치없는 줄 알지만, 집에 먹을 게 없어서 그라는디 좁쌀 한 되만
좀 꾸아 주소.

놀부: 이 문디 자슥아! 사지 멀쩡한 놈이 일은 않고 구걸이나 하나? 그리고
뭐 좁쌀 한 되? 가가 아 이름이가?

흥부: 행수님, 밥 한술만 주소.

놀부 부인: 뭐라고예? 도련님 줄 밥이 어딨는교? 언능 나가이소!

놀부 부인은 흥부의 뺨을 주걱으로 쳤습니다. 흥부는 볼에 붙어 있는 쌀을 보자 다른 쪽 뺨도 내밀었
습니다.

흥부: 행수님, 이쪽 뺨도 마저 쳐 주이소. 집에 있는 알라들도 갖다 주게예.

흥부는 빈손으로 집에 돌아오다가 길에서 다친 제비를 발견하고는 부러진 다리를 고쳐 주었습니다. 그해 겨울이 지나고 이듬해 봄이 되자, 제비는 흥부에게 박씨를 물어다 주었습니다. 제비에게서 받은 씨앗을 심고 여름이 되니 박이 주렁주렁 열렸습니다.

흥부 자식들: 어무이, 배고프다 안카나. 박이라도 타서 먹자.

흥부와 아내는 박을 타기 시작했습니다. 반으로 갈린 박 안에는 쌀, 황금, 백금, 은, 호박, 산호, 진주가 가득 들어 있었습니다. 이 소식을 전해 들은 놀부는 흥부를 불러 그 박을 얻게 된 사연을 들었습니다. 놀부는 박씨를 얻기 위해 일부러 제비 다리를 부러뜨렸다가 고쳐 주었습니다. 놀부의 소원대로 제비가 박씨를 물어 왔고, 마침내 박이 커다랗게 열렸습니다.

놀부: 흥부 가보다 더 큰 집 좀 도가!

놀부 부인과 놀부가 첫 번째 박을 타자 박에서 뱀과 개구리, 지렁이, 그 밖의 온갖 벌레들이 기어 나왔습니다. 두 번째 박을 타자 이번에는 무서운 도깨비가 나왔습니다.

놀부: 내 잘못했다. 니 못살게 구박하고 못된 짓만 한 내 좀 용서해도.
흥부: 댓습니더. 그라지 말고 그냥 같이 삽시더.

그리하여 놀부는 마음을 바로잡고 착한 사람이 되어 흥부와 의좋게 잘 살았습니다.

충청도 사투리로
연극을 해 봅시다

〈거짓말쟁이 양치기 소년〉

등장인물: 양치기 소년, 마을 사람들, 늑대, 양

어느 날 양치기 소년이 심심해서 마을 사람들에게 거짓말을 하기로 했습니다.

양치기 소년: 마을 사람들! 늑대가 나타났슈, 늑대가 나타났어유.

마을 사람들: 워디? 워디? 늑대가 워디 있는겨?

양치기 소년: 너무 심심혀서 장난 좀 쳐 본 거유.

마을 사람들: (화가난듯이) 뭐여? 다시는 장난치지 마러!

양치기 소년은 마을 사람들에게 거짓말을 하는 것이 재미있어서 한 번 더 시도해 보았습니다.

양치기 소년: 마을 사람들! 늑대가 나타났슈, 늑대가 나타났슈!

마을 사람들: 워디? 워디 있다는 거여!

양치기 소년: 장난해 본 거유.

마을 사람들: (화가난듯이) 한 번만 더 장난허면 용서허지 않어.

잠시 뒤, 진짜로 늑대가 나타나서는 양을 잡아먹으려 했습니다.

늑대: 우와, 맛있것다.

양: 살려 주서유.

양치기 소년: (다급하게) 늑대가 나타났어유, 늑대가 나타났어유!

마을 사람들은 이번에도 거짓말인 줄 알고 가지 않았습니다.

마을 사람들: 또 장난을 치는겨. 요번에는 절대 안 갈껴!

마을 사람들이 양치기 소년을 믿어 주지 않아 늑대가 양을 모두 잡아먹어 버렸답니다.

등장 인물 모두: 감사혀유~.

5장

네 번째 도전

회의와
토론의
달인 되기

전교 임원 회의에선 무슨 일이?

　오늘은 학교에서 전교 임원 회의가 있는 날이다. 지난 주 내 내 전국적으로 비가 많이 내리고 바람이 강하게 불어 곳곳에서 수재민이 발생했다. 교장 선생님께서 이번 주 월요일 조회 때 우리 학교 구성원 모두가 힘을 모아 수재민을 돕자고 제안하셨 다. 그래서 학급 회의 때 수재민을 도울 방법을 찾아보았고, 그 회의 결과를 모으기 위해 오늘 전교 임원 회의를 열기로 한 것 이다.

　오늘 회의는 지훈이가 사회를 보게 되었다. 지난번 전교 어린이 회장 선거에서 지훈이가 당선되었기 때문이다. 스피치 누나와의 연습은 확실히 효과가 있었다. 지훈이의 선거 연설이 끝나자 강당이 떠나가라 박수 소리가 이어졌으니 말이다. 투표 결과는 볼 것도 없이 지훈이의 압승!

다른 후보들은 긴장을 해서인지 마네킹처럼 굳은 자세로 발표를 했지만, 지훈이는 자유자재로 손을 움직이며 학생들과 눈을 맞추는 것도 잊지 않았다. 유찬이네 집에서 했던 것보다 훨씬 잘한 것을 보면 혼자서 연습을 꽤 많이 한 모양이다. 자식, 정말 전교 회장이 되고 싶었나 보다.

사회자에게는 경청의 자세가 필요해

이번 회의에는 나도 **참관인** 자격으로 참여했다. 참관인은 발언권은 있지만 의결권이나 발의권이 없는 사람이다. G20 정상 회의 같은 국제회의에서는 이런 참관인을 '**옵서**

G20 정상 회의 💬

G20 정상 회의는 세계의 주요 20개국 대표의 모임이다. G20의 'G'는 '모임'을 뜻하는 '그룹(Group)'의 알파벳 첫 글자를 딴 것이다. G20은 1999년에 처음 만들어졌다. 경제적으로 앞선 7개 나라(G7)와 새롭게 발전한 12개 나라, 그리고 유럽 연합(EU)이 모여 국제 경제 문제를 의논한다. 2010년 11월에는 대한민국 서울에서 G20 정상 회의가 열렸다.

버 observer'라 한다고 선생님께서 설명해 주셨다.

회의실로 가는 복도에서 지훈이를 만났다.

"지훈아, 회의실 가는 거지? 같이 가자."

지훈이는 무슨 생각을 골똘히 하고 있었는지 내가 다가가자 깜짝 놀랐다.

"앗, 태양이구나. 너도 회의에 참여하는 거야?"

"응. 나도 이번에 참관인 자격으로 참여하려고."

지훈이와는 이번 회장 선거를 도우면서 부쩍 친해졌다. 그런데 오늘은 첫 회의라서 그런지 지훈이가 잔뜩 긴장한 것 같았다.

교장실 앞을 지나가다가 교장 선생님과 마주쳤다.

"교장 선생님, 안녕하세요?"

우리 둘은 교장 선생님께 꾸벅 인사를 했다.

"그래, 오늘 지훈이가 회의를 이끌겠구나. 준비는 잘 했니?"

"아, 그게……, 사실 너무 떨려서요. 저는 말을 하기보다는 친구들의 의견을 듣는 데 집중해야겠어요."

"바로 그게 사회자의 가장 중요한 역할이지. 지훈이가 제대로 알고 있구나. 회의를 이끄는 사람으로서 참여자들에게 골고루 발언권을 주고 의견을 경청하는 자세는 아주 중요하단다. 한쪽으로 치우친 결정이 나지 않도록 소수의 의견에도 귀를 기울여야겠지. 지훈이를 보니까 오늘 걱정할 필요가 없겠는데.
나는 교실 뒤에서 그냥 조용히 지켜볼 테니까 너무 부담스러워
하지 말고. 교장 선생님은 지훈이만 믿으마!"

　　교장 선생님께서는 지훈이의 어깨를
두드리고는 회의실로 들어가셨다. 교장
선생님 말씀을 듣고 지훈이가 정신을
좀 차린 것 같았다.

　　"참여자에게 골고루 발언할 기회를
주고, 나와 다른 생각을 가지고 있는
사람의 의견도 경청하고, 소수의 의견
을 존중하는 자세! 그래, 그것만 기억

하자. 난 중립을 지켜야 하는 **사회자**니까!"

이렇게 중얼거리던 지훈이는 주먹을 불끈 쥐더니 나를 보고 씩 웃었다.

나는 회의실로 들어가 뒷자리에 앉았다. 그러고는 회의 내용을 기록하기 위해 수첩을 펼쳤다. 사회자인 지훈이가 회의 시작을 알렸다.

✏ •이러쿵저러쿵 시끌벅적 회의실

"자, 회의를 시작하겠습니다. 임원과 참관인 여러분은 모두 자리에 앉아 주시기 바랍니다."

아이들이 자리에 앉자 회의실 안이 조용해졌다.

"먼저 제 소개를 하겠습니다. 안녕하세요? 저는 이번 학기부터 전교 어린이 회장을 맡은 이지훈이라고 합니다. 잘 부탁드립니다. 오늘 회의에서 의논할 문제는 지난주에 태풍 피해를 입은 수재민 돕기 방법입니다. 각 반 회의에서 결정된 사항을 이 자리에서 발표하고 좋은 의견을 채택하기로 하겠습니다."

'한 문단이 끝나면 잠시 여유를 두고 청중을 바라본다. 시선

을 왼쪽에서 오른쪽으로 옮기며 천천히 학생들과 눈을 맞
춘다. 이렇게 하면 학생들의 반응을 살피면서 마음속
으로 다음에 할 말을 준비할 수 있다. 청중의 입장
에서는 발표자의 말을 되새기며 자신의 생각
을 정리하고 다음 말을 기다리게 된다.'
　지훈이는 스피치 누나가 가르쳐
준 몸짓을 하나도 잊지 않고 잘 해
냈다. 지훈이가 다시 말을 이었다.

"먼저 어느 학급에서 의견을 발표해 주시겠습니까?"

"저는 6학년 1반 임원 김나래입니다. 저희 반에서는 성금을 걷자는 의견이 제일 많았습니다. 수재민들에게 가장 큰 도움이 되는 것이 바로 성금이기 때문입니다. 그런데 성금을 어떤 방법으로, 얼마나 걷을지는 의견이 서로 달라 결정하지 못했습니다."

"네, 좋은 의견 감사합니다. 수재민을 돕기 위한 성금을 걷자는 의견인데요, 또 다른 의견 있습니까?"

우리 반 임원인 한솔이가 손을 들었다. 한솔이는 나보다 한참 늦게 들어와 맨 뒤에 앉아 있었다.

"저는 6학년 3반 임원 정한솔입니다. 저도 6학년 1반의 의견에 찬성합니다. 저희 반에서도 성금을 걷는 것이 가장 좋은 방법이라는 결론이 나왔습니다. 방법으로는 각 반에 성금함을 놓고 자유롭게 학생들이 참여할 수 있도록 하는 것이 좋겠다는 의견이……."

"그건 말도 안 됩니다. 그렇게 되면 반별로 금액 차이가 생기는데, 어떤 반은 많이 내고 어떤 반은 적게 냈다며 비교를 할 것입니다."

어떤 아이가 벌떡 일어나 화난 목소리로 발언을 하자, 지훈이가 단호하게 말했다.

"네, 반대하는 의견도 들어 보겠습니다. 하지만 다른 사람이 의견을 발표하고 있을 때는 발언이 모두 끝난 것을 확인한 뒤에 손을 들고 일어서서 자신의 의견을 말씀해 주시면 좋겠습니다. 6학년 3반의 정한솔 학생, 발언이 다 끝났습니까?"

"네, 저는 여기까지 말하겠습니다."

한솔이가 자기 말을 끊은 아이 쪽을 슬쩍 흘겨보고는 자리에 앉았다. 나도 어떤 아이인가 궁금하여 그쪽을 쳐다보았다.

'어, 쟤는……?'

"그러면 반대 의견을 들어 보겠습니다. 자기소개부터 해 주시죠."

"죄송합니다. 저는 6학년 5반의 임원 오세리입니다. 성금을 걷는 것에는 문제점이 두 가지 있습니다. 조금 전에 제가 말씀드린 것처럼 비교적 적은 금액을 낸 학급이 비난을 받을 우려가 있습니다. 둘째는 학생으로서 낼 수 있는 금액에는 한계가 있습니다. 부모님께 말씀드려 돈을 받을 수도 있지만, 그것은 저희 스스로 수재민을 돕는 방법은 아니라고 생각합니다."

"그럼 혹시 다른 의견 있으십니까?"

6학년 4반 임원이 손을 들었다.

"저희 반에서는 학생들이 수재민을 직접 도울 수 있는 봉사 활동을 하면 좋겠다는 의견이 나왔습니다. 현장에 가서 수재민도 만나고, 도울 수 있는 일이 있다면 몸으로 부딪쳐 보는 것도 좋지 않을까요?"

그 발언이 끝나자마자 세리가 또 손을 번쩍 들었다.

"그건 더 안 되죠. 위험할 수도 있는데, 어디를 간다는 말입니까? 그리고 초등학생이 가서 도울 수 있는 일이 어디 있겠어요? 오히려 짐만 되지."

세리가 톡 쏘듯이 한마디 했다. 유찬이 생일 때도 느꼈지만 세리는 똑똑하긴 한데 말투가 좀 얄밉다.

"오세리 학생은 무작정 반대만 하러 이 자리에 온 것 같네요."

한솔이가 제자리에서 퉁명스럽게 한마디 하자 세리도 지지 않고 대꾸했다.

"아무 의견이나 좋다고 맞장구를 치는 것보다는 낫죠."

"잠깐만요, 두 분! 서로에 대해 감정적인 말싸움은 안 하셨으면 좋겠습니다. 이곳은 누구나 자기 의견을 얘기할 수 있고,

그 의견에 반대할 수도 있는 곳입니다. 하지만 의견과 관계없이 서로를 공격하는 발언은 금지하도록 하겠습니다. 아시겠습니까?"

지훈이가 어른스럽게 한마디 했다. 전교 회장이 되더니 더 의젓해진 것 같다.

"자, 더 이상 의견은 없으신가요? 그렇다면 정리를 해 보겠습니다. 지금 두 가지 제안이 나왔는데요, 먼저 성금을 걷자는 의견이 있었는데, 반별로 비교가 될 것이라는 점과 학생 신분으로 부담스럽다는 점에서 반대 의견이 나왔습니다. 두 번째 의견은 봉사 활동으로 수재민을 직접 돕자는 것이었는데, 수재민들에게 큰 도움이 되지 못할 거라는 반대 의견이 있었습니다."

지훈이는 잠깐 사이를 띄우더니 이내 말을 이었다.

"다른 분들의 의견을 들으면서 저도 한 가지 생각이 떠올랐습니다. 두 가지 의견을 조절해서 '알뜰 시장'을 열어 보면 어떨까요? 그러면 우리 학생들이 직접 물건을 판매하는 봉사 활동을 할 수도 있고, 수익금을 성금으로 낼 수도 있으니 일석이조인 것 같습니다."

"저도 전교 회장의 의견에 동의하는 바입니다."

지훈이의 의견에 내가 동의했다.

"그럼 투표로 결정하겠습니다. 모두 세 가지 의견이 나왔습니다. 1번은 성금 걷기, 2번은 현장 봉사 활동, 3번은 알뜰 시장 개최입니다. 앞에 놓인 투표용지에 번호를 적어 단상 옆 투표함에 넣어 주시기 바랍니다."

G20 정상 회의 따라 하기

<u>인원수</u>: 6명 이상
<u>준비물</u>: 인원수와 같은 수의 나라를 정해 그 나라의 국기를 준비한다.

1. 한 사람당 하나의 나라를 정한다. 예를 들어, 한국, 미국, 중국, 북한, 일본, 러시아 중에서 자신의 나라를 하나씩 정하고, 자기 앞에 그 나라의 국기를 놓는다.
2. 안건을 하나 정해 그에 해당하는 각 나라에 대한 정보를 찾아본다. 예를 들어 세계 지도에 '동해'라는 표기를 사용하는 문제가 안건으로 제시되었다면, 동해와 관련된 각 나라의 표기 현황과 의견 등을 알아본다.
3. 정보를 다 모으고 나면, 안건에 대한 본인 국가의 강점과 약점을 간략하게 적은 메모판을 세워 놓는다.
4. 각 나라별 협상을 위해, 모두 자리에서 일어나 각자 다른 나라 대표들과 일대일로 만나 자기 나라의 요구 사항을 제시하고 협상을 유도한다.
5. 회의 진행은 나라별로 5분으로 제한하며, 25분 동안 5개 나라와 한 번씩 회의를 할 수 있도록 진행을 유도한다.
6. 5개국과 협상한 뒤 6명이 다시 한자리에 모여, 자신의 나라와 협상이 이루어진 나라를 발표한다. 그리고 3번에서 만든 강점과 약점을 적은 종이에 서명을 하고 악수를 하며 기념사진을 찍는다.

★참고: 선생님이나 부모님이 도와주세요. 게임을 시작하기 전에 학생들이 잘 알고 있는 나라를 예로 제시해 주고, 각 나라별 정보 찾기, 협상하기 등을 도와주세요.

경매에 나선 세리!

    수재민 돕기를 위한 전교 임원 회의에서 지훈이가 낸 3번 의견이 채택되었다. 그 결과에 따라 다음 주 토요일 우리 학교에서 알뜰 시장을 열기로 했다.

    각 반에서, 자신에게는 필요 없지만 다른 사람이 사용할 수 있는 물건들을 오늘까지 기부받았다. 전교 어린이 임원들과 반별로 한 명씩 자원한 도우미로 이루어진 '알뜰 시장 운영 위원회'에서 기부받은 물건들의 가격을 정하기로 했다.

    나는 지난번 회의 때 참석한 김에 이번에도 도우미로 참여하기로 했다. 수업이 끝나자마자 '알뜰 시장 운영 위원회' 위원들이 회의실로 모였다.

다행히 좋은 물건이 많이 들어오긴 했는데 값을 매기는 일이 문제였다. 아이들 몇 명이 자기 물건에 매겨진 값이 터무니없이 싸다며 반대하고 나섰기 때문이다. 좋은 일에 쓰이는 거니까 적당한 선에서 값을 결정하자고 아무리 말해도 그 아이들은 뜻을 굽히지 않았다. 특히 세리의 고집은 그 누구도 꺾지 못했다.

"그럼 도대체 얼마를 매겼으면 좋겠어? 네가 원하는 값을 말해 봐."

지훈이가 애써 화를 참으며 말했다.

"이 옷은 하와이에 사는 우리 고모가 내 생일 선물로 보내 주신 거야. 고모가 날 만난 지 오래돼서 너무 작은 옷을 보내 주셨기 때문에 한 번도 못 입은 새 옷이라고. 게다가 우리나라에서 구할 수도 없는 하와이 풍의 독특한 옷인데, 오천 원은 너무 심하잖아."

세리는 자기가 가지고 온 하와이 풍 원피스를 꼭 껴안은 채 뾰로통하게 말했다.

"초등학생이 살 수 있는 범위 안에서 가격을 정하다 보니 어쩔 수 없었어. 오천 원도 우리에게는 부담스러운 가격인걸. 팔고 난 이익이 너한테 돌아가는 것도 아닌데, 대체 왜 이러니? 우선 팔리는 게 중요하잖아!"

나도 지훈이를 거들었다.

"학부모님들께도 미리 말씀드려서 알뜰 시장에 오시도록 하면 좋겠어. 내가 이 옷을 경매로 팔 거야. 처음에는 너희가 정한 오천 원에서 시작할게. 하지만 내가 이 옷의 가치를 잘 설명해서 알맞은 값이 나오도록 해 보고 싶어. 어때, 괜찮은 의견 같지 않아? 더 많은 수익을 내면 더 많은 성금으로 수재민을 도울 수 있잖아. 학생들은 좋은 제품을 살 수 있어서 좋은 거고. 내 말이 맞지 않아?"

또박또박 따지는 듯한 세리의 말투에는 도통 이길 사람이 없는 것 같다.

"듣고 보니 네 말도 일리가 있다. 그럼 선생님께 말씀드려서 허락이 나면, 네 옷 말고도 경매로 팔 물건을 몇 개 골라 보자. 우선 가장 낮은 가격을 정한 다음, 물건의 장점을 잘 이야기해서 알맞은 값으로 이끌어 보는 거야. 내가 제대로 이해한 거 맞지? 기다려 봐. 선생님께 여쭤 볼게."

지훈이가 간신히 의견을 조정했다.

하와이 풍 옷의 가격은 얼마?

알뜰 시장이 열린 토요일 낮 한 시, 학생들과 학부모님들로 가득한 학교 안은 마치 할인 기간의 백화점 같았다. 지금은 고학년이 되어 필요 없어진 장난감과 작아서 맞지 않는 옷이나 신발이 저학년 동생들에게 돌아갔다. 형이나 누나가 쓰던 중학교 참고서도 알뜰 시장에 나와 중학교 진학을 앞두고 있는 고학년 학생들에게 팔렸다. 덕분에 나도 좋은 책 몇 권을 아주 싼 가격에 살 수 있었다. 두 시 삼십 분쯤 물건은 거의 동이 났다.

세 시부터 경매가 시작된다는 방송이 나가자 학생과 부모님들이 운동장 한쪽으로 모여들었다. 운영 위원들은 앞쪽 탁자 위에 번호표를 단 물건들을 가지런히 진열해 놓았다.

세 시가 되자 지훈이가 사회를 보고 물건 주인들이 한 명씩 나와 자기 물건에 얽힌 사연을 이야기했다. 물건 주인이 얼마나 설득력 있게 말하느냐에 따라 물건 값이 올라가기도 하고 가장 낮은 값 그대로 팔리기도 했다.

드디어 세리의 차례. 세리는 봉투 하나를 들고 나와서는 자기 원피스가 걸린 옷걸이 옆에 섰다.

"지금부터 제가 소개해 드릴 옷에는 돈으로 바꿀 수 없는 가치가 있습니다. 첫째, 10년 동안 보지 못한 조카를 위해 정성스럽게 선물을 고른 저희 고모의 마음이 담겨 있어요. 이 사진의 주인공이 저희 고모입니다."

그러더니 봉투에서 커다란 사진을 꺼내 손님들에게 보여 주었다.

"둘째, 선물로 받은 옷을 크기가 작아 입지 못하면서도 2년 동안 소중히 간직한 저의 마음이 담겨 있습니다. 물론 다른 사람들은 옷을 살 때 이러한 점은 중요하게 여기지 않겠지요. 하지만 조카를 위해 최고의 옷을 골라 보내 준 고모의 사랑과, 그 사랑을 계속 간직해 온 제 마음이 이 옷에 담겨 있습니다. 다른 옷에는 없는 이 옷만의 가치라고 생각합니다."

'세리, 제법인걸.'

학생들은 물론이고 학부모님들도 조그만 여자아이가 이야기하는 모습을 흥미롭게 지켜보았다. 세리는 봉투에서 또 다른 사진을 꺼내 들었다.

"지금 보여 드리는 것은 이 원피스와 비슷한 디자인의 옷을 입고 있는 유명 배우들의 사진입니다. 그리고 한 외국 쇼핑 사이트에서 이 옷과 비슷한 옷들의 가격 정보를 찾아 가지고 나왔습니다. 이것만 봐도 이 옷이 얼마나 좋은 옷인지 확인할 수

있습니다.”

3, 4학년쯤으로 보이는 여자아이들이 세리의 사진을 자세히 보려고 몰려들었다.

“아직 머뭇거리고 계신가요? 오늘 이 옷을 사시는 분은 친구들에게 ‘센스쟁이’라는 말을 듣게 될 거고요, 어려운 이웃을 돕는 좋은 일도 하게 될 겁니다. 알뜰 시장 최고의 주인공이 되어 보지 않으실래요?”

세리의 말이 끝나자 뒤에서 박수가 쏟아졌다. 세리의 옷은 ‘오만 원’을 부른 아주머니에게 돌아갔다. 아주머니의 딸인 듯한 저학년 여자아이는 옷을 받아 들고 친구들에게 자랑하기에 바빴다.

‘세리, 대단한걸? 지난번엔 따지는 듯한 말투 때문에 비호감이었는데, 오늘 다시 보이네.’

세리의 스피치 방법 💬

1. 서론
감정에 호소하며 호기심 유발하기
• 조카를 사랑하는 고모의 마음과 옷에 대한 세리의 애정을 표현

2. 본론
주장을 뒷받침하는 객관적인 근거를 제시하기
• 유명 배우들도 선호하는 스타일임을 강조
• 일반 쇼핑몰에서 팔리고 있는 적정 가격 제시

3. 결론
앞의 내용을 정리하며 다시 한 번 구매를 유도하기

내 물건 경매하기

인원수: 6명 이상

준비물: 경매할 물건(자기 물건 가운데 자신에게는 쓸모가 없지만 다른 사람에게는 유용할 것 같은 물건을 각자 하나씩 준비한다)

1. 친구들 앞에서 자기가 경매할 물건의 최저 가격을 먼저 제시한 뒤, 그 물건의 사용법과 장점을 말한다. 단, 거짓말을 해서는 안 된다.
2. 만약 친구들이 최저 가격보다 더 낮은 금액을 원한다면 협상을 통해 적당한 값을 다시 정할 수도 있다.
3. 물건의 장점을 뒷받침할 수 있는 객관적인 근거를 제시한다.
4. 최고 가격을 말한 친구에게 물건을 판다.

떡볶이 교실

경매가 무사히 끝나고 지훈이와 유찬이, 한솔이, 그리고 세리가 학교 정문 앞에 모였다. 지훈이가 회장 선거를 도와줘 고맙다는 뜻으로 떡볶이를 쏘기로 했기 때문이다.

떡볶이와 어묵을 시켜 놓고 한창 떠들고 있는데 등 뒤에 누가 서 있는 듯한 느낌이 들었다.

"태양아, 떡볶이 하나 주면 안 잡아먹~지."

"엥?"

뒤를 돌아보니 낯익은 얼굴이 침을 흘리며 서 있었다.

"애들아, 오랜만~!"

"어? 스피치 누나, 우리가 여기 있는 줄 어떻게 알았어요?"

유찬이가 놀란 얼굴로 물었다.

"너희들이야말로 내가 떡볶이 좋아하는 거 어떻게 알았어?"

스피치 누나는 우리 틈에 끼어 앉더니 잽싸게 떡볶이를 집어 먹었다.

"내가 너희를 계속 지켜보았는데 말이야. 이제 다들 회의면 회의, 경매면 경매, 못하는 게 없는 것 같더라."

"누나는 모르는 일이 없네요. 누나 반가워요, 완전 보고 싶었어요."

지훈이가 아부성 말을 날렸다.

"정말? 지훈이밖에 없다니까."

스피치 누나는 좋아서 싱글벙글거렸다.

"누나가 도와준 덕분에 전교 어린이 회장에 당선되었어요. 또 누나한테 배운 내용이 회의를 진행하면서도 큰 도움이 됐거든요. 그래서 고맙다는 인사를 하고 싶었어요."

"오, 그래? 정말 잘 됐다. 지훈이가 열심히 연습했기 때문에 좋은 결과가 나온 거야. 다른 친구들도 열심히 도와주었고. 회의에 참석하지 않은 유찬이도 있으니까 회의할 때 주의할 점을 정리해 줄래?"

그렇게 말을 시켜 놓고 스피치 누나는 쉴 새 없이 떡볶이를 집어 먹었다. 아무것도 모르는 지훈이는 열심히 주의할 점을 정리하기 시작했다.

✎ 회의할 때 이것만은 지키자

"**첫째**, 사회자는 다양한 의견이 나올 수 있도록 모두에게 발언권을 주어야 해요."

"맞아. 작년 우리 반 반장은 친한 애들한테만 발언권을 주었어."

유찬이가 5학년 때 반장 얘기를 꺼내려는데 한솔이가 재빨리 다음 말을 이었다.

"**둘째**, 다른 사람 의견에 반대하고 싶더라도 상대의 말이 모두 끝난 것을 확인하고 자신의 의견을 발표해야 해요."

그러면서 세리를 슬쩍 쳐다보았다. 세리도 지지 않고 대답했다.

"**셋째**는요, 회의 내용과 상관없는 인신공격성 발언에 주의해야 한다는 거예요."

"그래. 가끔 회의하다가 상대방의 외모를 비웃는다거나 말꼬리를 잡는 사람도 있는데, 그런 건 주의해야지."

스피치 누나는 다 알고 있다는 듯 실실 웃으며 세리와 한솔이를 번갈아 쳐다보았다.

"**넷째**, 사람들을 골고루 바라보면서 이야기하고, 바른 자세로 당당하게 정확한 발음으로 말해야 돼요."

지훈이가 대답을 끝내자 스피치 누나가 나를 뚫어지게 바라보며 물었다.

"더 없니?"

"**다섯째**, 주장을 펼 때는 적절한 근거를 제시해서 다른 사람을 설득할 수 있어야 해요."

내 대답에 누나는 만족스러운 듯 고개를 끄덕거렸다.

"다들 잘 말해 주었어. 지훈아, 실제 회의도 이렇게 진행했던 것 같니?"

"노력은 했는데 잘 모르겠어요. 그래도 다음번에는 더 잘할 수 있을 거 같아요."

"누나가 회의하는 걸 봤는데, 지훈이도 그렇고 한솔이, 태양이, 다들 어른스럽던걸. 모두 칭찬해 주고 싶어."

"피, 저는요?"

입을 삐죽거리며 세리가 물었다.

"호호호, 세리는 자기 생각과 다른 의견이 나오면 조금 흥분하는 경향이 있더라. 회의에서 감정 표현은 금물이야. 그래도 경매 때는 언니도 정말 깜짝 놀랐어. 정말 대단했어."

"그 정도는 기본이죠. 저는 이제 회의만 잘하면 되겠네요."

"경매 이야기가 나와서 말인데 세리가 자기 옷을 판매하는 모습, 정말 인상적이었지? 태양이는 세리가 경매 때 말하는 걸 보며 어떤 걸 느꼈어?"

"우선, 세리의 모습에서 자신감이 넘쳐 보였어요. 그래서인지 세리의 말에 집중하게 되고 왠지 신뢰가 가더라고요. 여자애들은 원래 말을 잘하는 거 같아요."

"그렇지 않아. 세리가 자신감 넘치는 모습으로 당당하게 말할 수 있었던 건, 연습을 많이 했기 때문이지. 그 전날 집에서 거울을 보며 얼마나 열심히 연습하던지, 나도 깜짝 놀랐는걸? 맞지, 세리야?"

"언니, 그건 비밀이었는데. 헤헤. 거울 보면서 언니가 지훈이에게 가르쳐 줬던 몸짓과 자세를 따라 해 본 거예요."

세리의 얼굴이 갑자기 발그레해지더니 평소와 달리 수줍은 듯이 말했다. 세리한테 저런 모습도 있었나?

"너희들도 꼭 기억해 둬. 연습을 많이 하면 그만큼 당당해지는 거야. 그리고 처음 발표할 때는 많이 떨리겠지만, 두세 번 하다 보면 익숙해질 거야. 선생님들도 처음에는 학생들 앞에서 긴장하지만 시간이 지나면서 익숙해지시는 거란다. 연습과 경험이 그만큼 중요하다는 말이야."

스피치의 달인이 되려면?

"수업 시간에 3분 스피치를 한 적이 있는데요, 처음에 말을 시작하는 게 가장 어려웠어요."

유찬이의 말에 스피치 누나가 기다렸다는 듯 고개를 끄덕이며 말했다.

"스피치의 기본은 서론, 본론, 결론의 뼈대를 세우는 것이라고 지난번에 말했지? 서론은 청중의 관심을 불러일으키는 역할을 해. '말 한마디의 힘'이라는 스피치를 한다고 생각해 보자. **자신의 경험**을 연결시켜서 이렇게 스피치를 시작할 수 있어."

> 시험 보는 날 아침에 엄마랑 싸우고 나와서 첫 시험을 망쳐 버렸어요. 그런데 쉬는 시간에 엄마한테서 문자가 오더라고요. "사랑하는 내 딸, 나는 그래도 네가 좋다"라고요. 그 말 한마디에 속상했던 마음이 풀리고 다음 시험부터는 아주 잘 볼 수 있었죠. 따뜻한 말 한마디가 얼마나 큰 힘이 되는지 새삼 느꼈어요.

"주제와 관련된 **좌우명**이나 **명언**으로 이야기를 시작할 수도 있고, 재미있는 말로 관심을 이끌어 낼 수도 있어."

> 제주도 말이 가장 싫어하는 사람이 어떤 사람인지 아세요?
> 바로 '말꼬리 빙빙 돌리는 사람'이에요.

"**우스갯소리**로 시작하면, 함께 웃는 가운데 말하는 사람이나 듣는 사람이나 긴장이 풀리면서 마음이 열리지."

"스피치를 마무리 짓기도 어려운 것 같아요."

"결론에서는 다시 한 번 본론을 정리하고 자신의 주장을 한 번 더 강조하는 게 좋아."

"이렇게 정리를 하고 나니까 더 확실하게 이해가 되네요."

유찬이도 스피치 때문에 고민을 했었나 보다. 축구에만 관심이 있는 줄 알았는데.

회의와 토론은 어떻게 다를까?

"그런데 누나, 회의하고 토론은 어떻게 달라요?"

지훈이가 난데없는 질문을 던졌다.

"교장 선생님께서 다음 주에 학생 임원들과 함께 '초등학생에게 핸드폰이 필요한가'라는 주제로 토론을 해 보자고 하셨거든요. 저더러 토론 준비를 해 오라고 하셨는데 어떻게 해야 할지 모르겠어요."

"언니, 토론이라면 우리가 수재민을 도우려고 열었던 회의 같은 거 아니에요?"

세리는 스피치 누나에게 칭찬을 듣더니 더 잘난 척을 하는 것 같다.

"많은 사람들이 세리처럼 회의와 토론을 헷갈려 하지. 결론부터 말하면 회의와 토론은 다르단다. 회의는 하나의 주제에 대해 각자 의견을 내고, 그 가운데 가장 좋은 의견을 골라내 해결책을 찾아가는 데 목적이 있어. 예를 들어 '수재민을 도울 방법에는 무엇이 있을까?'라는 질문에 너희들이 다양한 의견을 내놓고, 그 가운데 '알뜰 시장'이라는 해결책을 이끌어 낸 것처럼 말이야.

그런데 토론의 주제는 찬성과 반대로 의견이 분명하게 나뉘는 게 특징이야. 내가 만약 찬성 의견이라면 반대 의견을 가진 사람을 설득하는 게 토론의 목적이지. 교장 선생님이 제안하신 '초등학생에게 핸드폰이 필요한가'라는 주제는 '필요하다'는 주장과 '필요하지 않다'는 주장으로 뚜렷이 나뉘게 되므로 토론의 주제가 되는 거야."

　　"그럼 토론은 처음부터 찬성과 반대라는 서로 다른 의견을 가지고 있어야 하는 거예요?"

　　"맞아. 그래서 토론은 먼저 서로의 입장을 제시하는 '주장

알아 두기

회의와 토론의 차이

회의	토론
현재 문제가 되고 있는 안건(회의의 주제)을 가지고 참가자들의 다양한 의견을 들어 보며, 문제점을 해결하고 더 나은 방법을 찾아 의견을 하나로 모으는 과정	찬성과 반대라는 상반된 입장을 가진 논제를 가지고, 서로의 의견에 반대 근거를 대고 자신의 입장을 객관적으로 증명함으로써 상대를 설득해 가는 논쟁의 과정

펼치기'라는 것으로 시작을 해. 이때 자신은 이 주제에 대해 어떤 의견을 가지고 있는지 정확하게 밝혀야 하지. 토론은 정해진 순서에 따라 진행이 돼."

"토론이 회의보다 어려울 것 같아요."

한솔이의 말에 스피치 누나가 왜 그렇게 생각하느냐고 물었다.

"자기 생각이 분명해야 하고 상대방을 적극적으로 설득해야 하니까요."

"그래, 아무래도 그런 면이 있지. 하지만 의견 대립은 언제 어디서나 누구하고라도 일어날 수 있어. 예를 들면 '아파트에서 애완견을 키워도 될까', '초등학생도 교복을 입어야 하나', '초등학생이 아홉 시 이후에 텔레비전을 보아도 되는가' 등등. 이런 주제에 대해 자기 의견을 조리 있게 말하는 실력을 키워 두면 큰 도움이 될 거야. 친구와 의견이 다를 때도 서로 고집만 부리고 싸우기보다는 정정당당하게 토론을 벌여서 결정하는 게 좋겠지?"

'초등학교 도서관 일반인 개방'에 관한 토론 과정

❶ 토론 시작하기

• 사회자: 먼저, 오늘 참가한 분들을 소개해 드리겠습니다.

(소개가 끝난 뒤) 함께 토론할 상대방과 악수를 하시기 바랍니다. 그럼 지금부터 '초등학교 도서관 일반인 개방'이라는 논제로 찬반 토론을 시작하겠습니다. 먼저 찬성 쪽의 주장이 있겠습니다. 발언 시간은 한 명당 2분씩입니다.

❷ 펼치기(입론)

[방법] 논제에 대한 자신의 생각을 펼치는 도입 과정이다. 이때 발표한 논점을 가지고 토론이 진행되기 때문에 자신의 입장을 정확하게 말할 수 있어야 한다.

• 찬성: 사회적으로 책을 많이 읽어야 한다는 목소리가 높아지고 있지만 주민들이 책을 읽을 수 있는 공간은 많지 않습니다. 초등학교 도서관에 있는 책을 지역 주민과 함께 나눈다면 학교의 이미지도 좋아질 수 있고, 지역 주민에게 다양한 책을 제공할 수도 있을 것입니다.

• 반대: 일반인이 학교에 출입하게 되면 도둑이나 어린이 유괴, 성 범죄 같은 문제가 발생할 위험이 있습니다. 또한 책을 외부인에게 빌려주게 되면 잃어버릴 위험도 있기 때문에, 저는 일반인에게 도서관을 개방하는 것을 반대합니다.

❸ 1차 반대 신문(반론 펴기)

• 사회자: 네, 먼저 양쪽의 주장을 들어 봤습니다. 양쪽 모두 5분간 협의하여 상대 주장에 반대 의견을 제시해 주시기 바랍니다.

• 찬성: 종로의 ○○초등학교를 실례로 들어 보면, 일반인이 초등학교 도서관에 출입할 때 주민등록증을 경비실에 맡기고 들어간다고 합니다. 책 분실을 막기 위해서는 도서 반출 카드를 사용하면 좋겠지요.

일반인에게 책을 빌려주어서 좋은 점도 많이 있습니다. 집에서 보지 않는 책을 도서관에 기증을 하는 일도 있고, 희망 도서 서비스를 제공해 책의 다양성을 넓힐 수도 있습니다.

• 반대: 책이 다양해진다는 것은 아무 책이나 도서관에 들어오게 된다는 뜻도 됩니다. 만약 초등학생이 보기에 적당하지 않은 책이 우리 도서관에 놓여 있다고 생각해 보십시오. 그리고 인기가 있는 책의 경우, 외부인이 빌려 가면 우리 학교 학생이 피해를 볼 수도 있습니다.

❹ 2차 반대 심문(반론 꺾기)

• 찬성: ＿＿＿＿＿＿＿＿＿＿＿＿＿＿＿＿＿＿＿＿＿＿＿＿＿

• 반대: ＿＿＿＿＿＿＿＿＿＿＿＿＿＿＿＿＿＿＿＿＿＿＿＿＿

❺ 최종 변론(주장 다지기)

• 찬성: ＿＿＿＿＿＿＿＿＿＿＿＿＿＿＿＿＿＿＿＿＿＿＿＿＿

• 반대: ＿＿＿＿＿＿＿＿＿＿＿＿＿＿＿＿＿＿＿＿＿＿＿＿＿

❻ 판정

• 사회자: 이렇게 해서 양측의 최종 변론까지 들어 봤습니다. 판정단 여러분께서는 어떻게 생각하는지 들어 보겠습니다.

• 판정인: 판정 결과를 말씀드리겠습니다. 오늘 '도서관 일반인 개방'이라는 논제로 찬성 쪽과 반대 쪽의 토론 내용 잘 들었습니다.
찬성 쪽에서는 반대 쪽의 문제점 제시에 대응하는 해결안 제시가 돋보였고, 반대 쪽에서는 초등학생의 안전과 복지 측면에서 의견을 제시해 줬다는 점이 인상적이었습니다.
하지만 타 학교의 성공적인 사례를 들어 객관적인 자료를 제시해 준 찬성 쪽 의견이 우세하였습니다.

• 사회자: 판정단의 의견까지 잘 들어 봤습니다. 도서관 일반인 개방 문제에 대해서는 찬성 쪽에서 제시한 방법과 반대 쪽에서 제시한 문제점을 가지고 더 나은 방법을 찾을 수 있도록 계속해서 논의를 해야겠습니다. 오늘의 토론은 여기까지입니다. 수고하셨습니다.

찬성 대 반대, 승자를 가려라!

인원수: 5명 이상
준비물: 탁자 2개, 인원수에 맞는 의자, 참관인 숫자에 맞춘 팻말(앞에는 '찬성', 뒤에는 '반대'라고 적어 둔다)

1. 참가자들이 관심 있는 주제를 정하고, 사회자(1명)와 찬성자(2명), 반대자(2명)로 구분한다. 남는 인원에게는 참관인의 역할을 맡긴다. '찬성'과 '반대'라고 쓰인 팻말을 나누어 준 뒤, 마지막에 승패를 결정하게 한다.
2. 사회자를 가운데에 두고 탁자 사이의 간격을 띄워 서로 마주보게 놓은 뒤, 각각 찬성 쪽과 반대 쪽이 의자를 놓고 앉는다.
3. 사회자는 양쪽에 시간을 3분씩 주고 의견을 발표하게 한다. 발표자는 탁자에서 나와 청중 앞에서 발표한다.
4. 양쪽이 최종 반론을 끝내면 사회자는 참관인에게 각자 들은 소감을 말하게 한다. 그런 뒤 참관인은 팻말을 이용해 어느 쪽 의견이 더욱 설득력이 있었는지 표시하고 사회자가 승패를 발표한다.

Speech

쇼호스트처럼
설득력 있게 말하기!

"애들아, 저 텔레비전 방송 좀 봐."

텔레비전에서는 어린이 책을 판매하는 홈쇼핑 방송이 나오고 있었다.

"토론의 핵심이 설득하기였던 것처럼 저 쇼호스트들도 소비자를 설득하는 역할을 해."

"쇼호스트가 뭔데요?"

내가 묻자 세리가 얼른 핀잔을 주었다.

"너는 쇼호스트도 모르니? 홈쇼핑 방송에서 물건을 설명하

182 내 꿈을 이뤄 주는 어린이 스피치

고 판매하는 사람이잖아."

"세리야, 친구가 모르는 게 있을 땐 좀 더 친절하게 가르쳐
주는 게 좋지 않을까? 세리 말대로 쇼호스트에게는 상품의 특
징과 기능을 잘 연구해서 그것을 설득력 있게 전달하는 능력이
필요해. 세리가 알뜰 시장의 경매에서 보여 줬던 역할과 비슷
한 거지. 지금 나오고 있는 방송 원고가 나한테 있는데 누가 한
번 읽어 볼래?"

"제가 해 볼게요."

한솔이가 원고를 잽싸게 가져가더니 신나게 읽어 갔다.

홈쇼핑 방송

안녕하세요? '맛있는 홈쇼핑'의 정한솔입니다.

1. 여는 말: 얼마 전에 추석이었죠? 추석 때 가족들이 한자리에 모여 즐거운 이야기를 나누며 맛있는 음식으로 배를 채웠다면, 이제는 여러분의 마음에 양식을 가득 쌓아 드리려고 합니다.

2. 상품 소개: 가을은 독서의 계절이라고 하잖아요? 오늘 여러분께 어린이 책 100권과 백과사전 50권을 아주 저렴한 가격에 모두 드리겠습니다. 수량이 많지 않아 총 100분께 선착순으로 판매를 하는데요, 지금부터 약 10분간 ARS 자동 전화로 모시겠습니다.

벌써 전화벨이 울리기 시작했는데요, 서두르셔야겠습니다. 다른 방송에서는 어린이 책 100권과 백과사전을 따로 구매하셔야 했죠? 오늘은 고객 감사 특별 이벤트로 두 세트 모두를 99,900원에 판매합니다.

시중에서 판매하는 책 한 권이 대략 8,000원에서 10,000원 정도이니 오늘은 10만 원도 채 안 되는 가격에 무려 150권의 책을 받아 보실 수 있는 기회입니다. 흔하지 않은 특별 이벤트, 지금 이 시간을 놓치지 마세요!

3. 주문 권유: 상담원과의 연결이 지연되고 있으니 자동 주문 전화를 이용하시기 바랍니다. 추첨을 통해 다섯 분께 50,000원 상당의 도서 상품권을 드립니다. 지금 전화기 버튼을 눌러 주세요!

"한솔이 제법인걸? 집에서 날마다 연습하는 거 아니야?"

"히히. 사실 홈쇼핑 방송 보면서 따라 한 적이 많아요."

"그래? 그렇다면 '쇼호스트처럼 말하기' 게임은 한솔이를 따라올 친구가 없겠는걸. 이 게임은 각자 상품 한 가지를 정해서 특징과 기능, 장점 등을 조리 있게 설명하는 거야. 다른 친구들이 점수를 매겨서 가장 점수가 높은 사람이 이기는 게임이지."

"그런 게임이라면 자신 있어요."

한솔이가 으스대자 세리도 지지 않고 나섰다.

"과연 그럴까? 내 경매 실력을 봤을 텐데?"

"오, 한솔이와 세리의 경쟁이 손에 땀을 쥐게 할 것 같은데?"

"한솔이랑 세리가 경쟁하는데 왜 스피치 누나 손에 땀이 나요?"

"흠. 태양이, 설마 진짜 그 뜻을 몰라서 하는 말은 아니겠지?"

"'떨린다'는 뜻 아니에요?"

"비슷하긴 하지만 좀 달라. '결과를 예상할 수 없어서 가슴을 졸이게 된다'는 뜻이야. 좋아하는 여자아이를 보았을 때 가슴이 떨리는 거하고는 다르지. 이 경우처럼 원래 단어의 뜻과는 전혀 다른 의미로 사용하는 말을 **관용어**라고 해. 관용어를 많이 알아 두면 글을 쓰거나 말을 할 때 요긴하게 써먹을 수

쇼호스트처럼 말하기

인원수: 6명 이상
준비물: 자신이 팔고 싶은 물건, 점수판

1. 원고 작성 연습

❶ 여는 말: 소비자와 공감대를 형성할 수 있는 말로 호기심을 불러일으키고, 상품에 대한 필요성을 느낄 수 있는 말을 언급해 주는 것이 좋다.

> 예)"추석 선물로 우리 자녀들이 가장 받고 싶은 게 무엇인지 아십니까? 한 설문 조사 결과, '학습 효과를 첨가한 게임기'라고 합니다. 공부까지 시켜주는 게임기! 이 기회에 우리 아이들이 원하는 좋은 아빠, 좋은 엄마 되어 보시는 건 어떨까요?"

❷ 상품 소개: 상품의 특징을 소개한다.
  – 물품명: _____
  – 물품의 장점: _____
  – 용도: _____
  – 가격: _____

❸ 주문 권유: 선착순으로 진행된다는 점을 강조하여 소비자로 하여금 지금 이 순간의 기회를 놓치면 안 될 것 같은 분위기를 만든다. 단, 거짓말을 해서는 안 된다.

2. 탁자 위에 다양한 물건을 올려놓고 한 사람씩 나와 자신이 팔고 싶은 물건을 고른다. 쇼호스트가 되어 3분 동안 그 물건의 판매를 이끌어 낸다.

3. 다른 친구들은 그 친구가 진행하는 모습을 보고 미리 준비해 둔 점수판을 들어 친구의 진행 솜씨에 점수를 매긴다.

가 있지. 자, 오늘 숙제는 바로 이거야!"

스피치 누나가 건네준 종이에는 관용어가 여러 개 적혀 있었다. 우리는 각자 '머리를 싸매고' 답을 적어 내려갔다.

'손 없는 날'이라……. 지금 집으로 이사 올 때 할머니가 달력에 적어 두셨던 것 같은데 정확한 뜻이 뭐였더라?

"얘들아, 너희들 떡볶이 집 전세 냈니? 다 먹었으면 자리 좀비켜 줄래?"

분식집 아주머니가 화난 얼굴로 우리를 향해 말씀하셨다. 어느새 저녁때가 되어서인지 사람들이 아까보다 많아졌다. 지훈이가 지갑을 열며 말했다.

"얼마예요?"

"계산은 아까 그 이모가 하고 갔어."

"이모요?"

"왜 그 이상한 옷 입은 처녀 말이야."

그러고 보니 스피치 누나가 보이지 않았다. 스피치 누나는 언제 또 사라져 버린 거지?

한 걸음 더 : 재미있는 관용어 알아보기

다음 관용어의 뜻을 적어 보세요.

1. 손 없는 날이다.

2. 손을 끊다.

3. 발을 빼다.

4. 목에 힘을 주다.

5. 입에 거미줄 치다.

6. 머리를 싸매다.

7. 목이 빠지다.

8. 손이 뜨다.

9. 눈에 없다.

10. 하늘을 찌르다.

정답

1. 흉한 귀신이 없는 날이다.
2. 교제나 거래 따위를 중단하다.
3. 어떤 일에서 물러나다.
4. 오만하고 건방지다.
5. 가난하여 오랫동안 먹지 못한다.
6. 있는 힘을 다해 노력한다.
7. 애타게 기다리다.
8. 일하는 동작이 매우 굼뜨다.
9. 관심이 없다.
10. 높이 솟다. 기세가 몹시 세차다.

스피치 누나의 이메일

집에 돌아와 컴퓨터를 켜고 메일을 확인하는데 스피치 누나 한테서 메일이 와 있었다.

'어, 누나가 메일을 다 보내고 웬일이지?'

  태양아, 우리가 처음 만난 날, 기억하니?

그날 넌 발표 시간에 말을 잘 못했다며 고민하고 있었잖아.

요즘은 어때? 누나가 보기엔 발성과 호흡, 문장 구성하기와 논리적으로 말하기

등 모든 면에서 아주 좋아진 것 같아.

지금까지 태양이가 말하기에 어려움을 느꼈던 이유는 '자신감'이 부족했기 때문이야. '나는 잘할 수 있다'는 마음을 잃지 말고, 미리 준비하고 연습하는 자세를 유지한다면 언제 어디서든 당당하게 네 의견을 펼칠 수 있을 거야.

누나가 가르쳐 준 게임을 친구들과 자주 해 보고, 평소에도 우리말을 바르고 정확하게 쓰는 버릇을 들이도록 해. 그렇게 하다 보면 훌륭한 앵커가 되고 싶다는 꿈도 꼭 이루어질 거야.

언젠가 바그다드에 오게 되면 누나네 집에 꼭 놀러 와. 맛있는 떡볶이 싸 들고, 알았지?

스피치 누나로부터

※ 추신: 다음 달에 '전국 어린이 토론 대회'가 열릴 예정이야. 아마 내일쯤은 학교에도 공지문이 붙겠지. 이번에 누나랑 스피치 게임을 한 친구들과 팀을 만들어 나가 보면 어때? 우선 학교 내에서 예선을 거쳐야겠지만, 너와 친구들이 힘을 합치면 꼭 붙을 거라고 생각해. 그럼, 아자!

'어, 그럼 이제 스피치 누나가 더 이상 나타나지 않는다는 건가? 앗싸, 드디어 CCTV로부터 해방이다!'

홀가분한 기분도 잠시뿐. 기분이 좀 이상해졌다.

그때 핸드폰이 울렸다. 유찬이 전화였다.

"태양아, 너 혹시 스피치 누나한테 메일 받았어?"

"응. 너도?"

"응. 누나가 이렇게 썼는데?"

미래의 축구 황제, 유찬아!

유찬이는 박지성 선수처럼 멋진 축구 선수가 되는 게 꿈이라고 했지?

혹시 텔레비전에서 박지성 선수가 영어로 유창하게 인터뷰하는 모습 본 적 있

니? 박지성 선수는 처음에는 영어가 서툴렀지만 세계 무대에서 뛰는 동안 영어

말하기 연습도 열심히 했던 모양이야.

이제는 어떤 분야에서 일하든 자신의 생각을 잘 표현하고 의사를 분명하게 전

달하는 사람이 인정받는 시대라고 할 수 있어. 유찬이의 성실하고 끈기 있는 성

격과 페어플레이 정신이 합쳐진다면 토론 대회에 나가서도 훌륭하게 제 몫을

다할 거라고 생각해.

"그리고 마지막에는 토론 대회 얘기가 있어. 너도 그래?"

"'전국 어린이 토론 대회' 말이지? 다른 애들도 메일을 받
았을까?"

"글쎄, 확인해 보면 알겠지. 내가 세리랑 지훈이한테 전화해
볼게. 너는 한솔이한테 해 봐."

"알았어."

그날 우리 모두는 스피치 누나한테서 메일을 받았다.

지훈이한테 온 메일은 이런 내용이었다고 한다.

    지훈아!

전교 회장으로서 토론을 책임지고 이끌 때 가장 중요한 게 뭔지 아니? 바로 상

대의 말을 끝까지 귀 기울여 듣는 '경청'의 자세야. 텔레비전에서 토론 프로그

램을 보다 보면 남의 말을 중간에 끊거나 화를 버럭 내는 사람들이 있지? 그런

건 절대 따라 해선 안 돼. 지훈이는 다른 친구들을 잘 배려하는 사람이니까 토

론할 때도 그런 장점을 발휘할 거라 믿어.

세리는 스피치 누나의 메일 내용을 유찬이에게 읽어 주면서
뜻밖에도 눈물을 훌쩍거렸다고 한다. 천하의 오세리가 눈물을
흘리다니. 유찬이한테만 그런 부드러운 모습을 보여 주는 건지
도 모르겠다.

⚭ 언제나 똑소리 나는 세리에게

세리를 보면서 언니는 마치 어렸을 적 내 모습을 보는 것 같았어. 정확한 발음

으로 똑 부러지게 자기 생각을 이야기하는 세리는 다른 친구들의 부러움을 살

만하지.

그런데 말이라는 건 항상 내 의도와 다르게 전달될 위험이 있어. 나는 내 의견

을 열심히 주장한다고 한 건데, 다른 친구들은 잘난 척한다고 오해하는 거지.

우리가 배웠던 몸짓을 떠올려 보면, 말의 내용뿐 아니라 표정이나 발음의 높낮

이, 음색 같은 것도 듣는 사람에게 영향을 미친다는 걸 알 수 있을 거야.

그래서 내 주장을 펼치기 전에 다른 사람의 생각이나 감정을 읽으려는 노력도

중요한 거야. 세리가 이 점만 명심한다면 나중에 훌륭한 외교관이 될 수 있을

거야. 언니가 세리의 꿈을 어떻게 알았느냐고? 하하하. 언니는 원래 모르는 게 없단다.

한솔이 핸드폰으로 전화를 걸었더니 다짜고짜 이런 말이 들려왔다.

"태양아, 너 스피치 누나 이메일 때문에 전화했지? 야, 그런데 말이야. 누나가 내 비밀을 어떻게 알았지?"

"네 비밀? 그게 뭔데?"

한솔이가 들려준 누나의 이메일에 그 내용이 담겨 있었다.

  🔖 한솔이는 말을 재미있게 하는 재주가 있다는 것 알고 있니? 여러 사람이 모인 자리에서 사람들의 관심을 집중시키는 데 우스개만큼 좋은 게 없단다. 단, 웃기는 얘기가 너무 지나치면 오히려 주위가 산만해질 수도 있어. 청중의 반응을 잘 관찰해 가면서 말한다면 균형을 찾을 수 있을 거야.

나중에 커서 유재석처럼 재치 있으면서도 마음 따뜻한 MC가 꼭 되기를 누나가 기원할게.

"한솔이 너 MC가 꿈이었어?"

"헤, 그냥 마음속으로만 생각하고 있었는데. 스피치 누나가 어떻게 알았을까? 태양아, 스피치 누나가 말한 토론 대회, 어떻게 생각해?"

"한번 해 보고 싶어. 스피치 누나한테 배운 걸 실전에 적용할 수 있는 기회이기도 하니까. 우리 같이 해 볼까?"

"그래. 나도 내 꿈을 위해 이제부터라도 뭔가를 실천하고 싶어."

"좋았어. 다른 애들한테는 내가 연락할게. 이번 주말에 우리 부모님이 안 계시니까 우리 집에서 모이자."

"그래. 좋아!"

부록

방송국 견학을
가 볼까?

누구나 방송국을 견학할 수 있대!

　스피치 누나는 지금쯤 바그다드로 돌아갔을까? 아니면 또 다른 곳에서 나 같은 아이에게 발성과 호흡을 가르쳐 주고 있을까? 옆에 있을 때는 이것저것 해 보라고 시켜서 귀찮더니 막상 사라지고 나니까 자꾸 생각이 난다.

　"아얏!"

　누군가 내 등을 찰싹 때리는 바람에 정신이 번쩍 들었다.

　"야, 너 여자 친구 생겼냐? 왜 그렇게 멍하니 서 있어?"

　유찬이와 세리다. 그 옆에서 유미가 눈을 치켜뜨며 나에게

물었다.

"태양이 오빠, 정말 여자 친구 생겼어?"

"여자 친구는 무슨. 난 그런 데 관심 없어."

"그럼 그렇지."

그제야 유미는 여느 때처럼 헤헤거렸다.

"그런데 다들 왜 이렇게 안 오지? 아, 저기 지훈이랑 한솔이가 온다."

지훈이가 디지털카메라를 자랑스럽게 들어 보이며 말했다.

"미안, 조금 늦었지? 디카 찾느라……. 그런데 태양아, 우리 오늘 어디 가는 거야?"

"히히. 우리 아빠가 방송국에 계시잖아. 아빠가 며칠 전 나한테 이걸 주시더라고."

나는 아빠가 주신 종이를 친구들한테 내밀었다.

"어, 이게 뭐야? 방송국 견학 신청서네? 우리 방송국 가는 거야?"

눈치 빠른 세리가 단번에 알아차렸다.

"맞아. 요즘 내가 방송에 대해 이것저것 여쭤 보고, 너희들과 토론 대회 준비도 한다고 했더니 아빠가 이걸 주셨어. 친구들하고 방송국 견학을 해 보라고. 방송국 홈페이지에 들어갔더니 견학 희망 날짜와 인원을 예약할 수 있게 되어 있더라. 신청한 다음 날에 예약을 확인하는 전화가 왔어."

"정말? 우아, 신난다!"

유미처럼 팔짝팔짝 뛰지는 않았지만 다른 친구들도 몹시 기대하는 듯한 표정이었다.

"방송국 견학에 참가하면 스튜디오에서 방송을 직접 해 보거나 방송 장비를 만져 볼 수도 있고, 방송의 역사에 대해 안내원의 설명도 들을 수 있대."

우리는 방송국 건물 안으로 들어가 접수대에서 견학 접수를 확인한 뒤 안내해 주는 누나를 따라갔다.

알아 두기

방송국 견학하는 방법

각 방송국 홈페이지를 통해 견학 신청을 할 수 있다.

❶ KBS 방송국 견학홀
http://office.kbs.co.kr/kbson 참조. • 02) 781-2225, 2226

❷ MBC 콘텐츠월드 투어
http://withmbc.imbc.com/center/studiotour 참조. • 02) 789-2786

❸ EBS 방송국
http://www.ebs.co.kr/customer/tour/tourReq 참조. • 02) 526-2616

뉴스는 어떻게 만들어질까?

✎ 뉴스 앵커가 된 태양이와 유미

처음 들어간 곳은 뉴스를 촬영하는 곳이었다. 나는 미리 준비해 간 원고를 들고 카메라 앞에 앉아 보았다. 유미도 덩달아 내 옆에 앉았다.

"유미야, 저 앞에 화면 보이지? 저걸 '프롬프터'라고 하는데 저기에 뉴스 내용이 비치면 앵커가 그걸 보고 읽는 거래."

아빠한테 미리 들은 이야기를 유미한테 해 주니 유미가 신기한 듯 프롬프터를 바라보았다.

마침 지나가던 아나운서 누나가 우리에게 뉴스 방송에 대한 이야기를 들려주었다.

"뉴스는 생방송으로 진행되기 때문에 아나운서는 항상 긴장을 늦추면 안 돼요. 귀에 차고 있는 인터콤으로 들려오는 바깥 상황에도 신경을 곤두세우고 있어야 하죠. 자신의 입을 통해 세상의 소식이 전달된다는 사실에 책임감을 크게 느끼기 때문에 신중하게 진행하려고 노력해요. 내용을 전달하는 데 오해가 생기지 않도록 또박또박 한 음절씩 정확하게 읽어야 하고요. 아나운서 자신의 감정이 드러나지 않도록 표정에도 신경을 써야 해요."

나는 아나운서 누나의 말을 마음속에 새기며 유미와 함께 뉴스를 읽어 보았다.

〈9시 뉴스와 생활 정보〉

1. 뉴스 시작하기

태양: 여러분, 안녕하십니까? 《9시 뉴스와 생활 정보》의 김태양입니다.

유미: 안녕하십니까? 최유미입니다('최유밉니다'로 줄여서 읽는다).

태양: 지난번 수해 이후로 훈훈한 소식들이 연이어 들려오고 있습니다. 한 초등학교에서는 지역 수재민을 돕기 위해 알뜰 시장을 열었다고 하네요.

유미: 이 행사는 학생들이 직접 기획한 것으로, 자신들이 가지고 있는 물건을 판매해 그 수익금으로 성금을 모았다고 합니다. 뜻깊은 행사의 현장을 정한솔 기자가 다녀왔습니다.

2. 초등학생들의 훈훈한 알뜰 시장, 정한솔 기자

한솔: 네, 저는 지금 수재민 돕기 성금 모금을 위한 알뜰 시장이 열리고 있는 서울 빛나리 초등학교에 나와 있습니다. 이곳에서는 아침 열 시부터 학부모와 학생이 가득 모여 발 디딜 틈 없이 성황리에 알뜰 시장이 진행됐는데요, 학생들이 자발적으로 모은 학용품과 옷가지, 장난감, 책 등 다양한 물품이 많은 호응을 얻으면서 거의 다 팔려 나갔습니다.

그리고 오후 세 시부터는 학생들의 이색 경매 시장이 열렸는데요, 자신이 아끼는 물건을 들고 나와 학생들이 직접 소개하고 가장 높은 가격을 부른 사람에게 판매하는 방식으로 진행되었습니다. 오늘의 최고가 상품은 오만 원짜리 원피스로, 한 학생의 친척 어른이 보내 준 옷이었습니다.

이렇게 모인 수익금은 집중호우로 피해를 입은 수재민들에게 전달될 예정입니다.

지금까지 초등학생들의 정성 어린 모금 현장에서 정한솔이었습니다.

3. 끝내기

태양: '더도 말고 덜도 말고 한가위만 같아라'라는 말이 있습니다. 오곡백과가 무르

익는 풍성한 이 계절에 가정의 행복도 풍성하기를 바랍니다.

유미: 저희는 내일 이 시간에 다시 찾아오겠습니다. 이상으로 〈9시 뉴스와 생활 정

보〉를 마칩니다.

계속해서 오세리 기상 캐스터의 〈날씨와 생활 정보〉를 보내 드립니다.

기상 캐스터가 된 세리

"여기는 왜 온통 파란색이에요?"

유미가 궁금한 듯 안내원 누나에게 물어
보았다.

"이곳은 '가상 스튜디오'라는 곳이에
요. 이 파란색 배경을 '크로마키'라고 하는데, 이 앞에서 촬영
을 하고 컴퓨터 그래픽을 이용해 파란색 화면에 그림을 입히는
작업을 하게 되지요. 이곳에서
주로 하는 촬영은 뉴스 이후에
방송되는 기상 정보 프로그램
이랍니다."

"기상 프로그램은 내가 해
볼래. 텔레비전에서 예쁜 기상
캐스터 언니들을 볼 때마다 나
도 한번 해 보면 좋겠다고 생
각했거든."

"학생은 파란색 옷을 입지
않아 다행이네요. 컴퓨터 그래

기상 캐스터 되어 보기 💬

1. 기상 캐스터가 되려면 먼저 기
   상 표식을 알아야 한다. 기상 표
   식은 비, 구름, 안개 등의 그림
   을 도화지에 그려 만든다. 손바
   닥만 한 크기로 그린 그림을 오
   리고 도화지 뒤에 손잡이를 만
   들어 손을 끼울 수 있도록 한다.
2. 원고를 준비해 내용을 외울 수
   있도록 여러 번 반복해 읽은
   뒤, 만들어 둔 기상 표식을 이
   용해 날씨 전하는 연습을 해
   본다.
3. 이때 우리나라 지도를 4절지에
   그리고 그 위에 기상도와 서울,
   대구, 부산, 제주도의 기온을
   표시해 배경으로 사용하면 마
   치 텔레비전에서 기상 정보를
   전해 주는 것과 같은 효과를
   낼 수 있다.

픽 작업을 할 때 파란색은 모두 그림이 들어가는 부분이기 때문에, 파란 옷을 입고 방송하면 화면에 얼굴만 둥둥 떠 있는 것처럼 나올 수 있거든요. 오늘은 비 예보니까 노란색 우비를 입고 방송을 하면 어떨까요?"

그러면서 안내원 누나가 세리에게 노란 비옷을 입혀 주었다.

장마 예보

안녕하세요, 기상 캐스터 오세리입니다(정면을 바라보며 활짝 웃는 표정으로 자신을 소개한다).

1. 대한민국 전도: 장마 전선 분포도

지금 태풍 '나비'의 영향으로 전국적으로 많은 비가 내리고 있습니다(말의 세기를 조절해서 이 문장은 더 강하게 읽는다. 오늘의 날씨를 전체적으로 나타내는 곳이기 때문이다. 그리고 미리 만들어 둔 '비' 그림을 들어 올려서 시청자들의 이해를 돕는다).

또한 강한 바람이 불고 있으니 시설물 정비에 주의하셔야겠는데요, 혹시 강한 바람에 날아갈 수 있는 물건은 단단히 동여매 두는 등 미리미리 점검하셔야겠습니다(집게손가락을 들어 앞으로 내밀며 강조한다).

특히 어린이나 노약자는 오늘 외출을 삼가는 게 좋을 것 같네요.

2. 대한민국 전도: 각 지방별 기온 분포 표시

오늘 가장 높은 기온은 서울이 25도, 대구 27도, 제주 29도 등으로 25도에서 29도 안팎의 분포를 보이고 있습니다.(뒤에 놓인 지도의 각 지역을 손으로 가리키면서 말한다)

3. 대한민국 전도: 구름의 이동 모습

지금 내리는 비는 내일까지 계속된다고 하네요. 이 비는 모레 오전 태풍이 동해안으로 빠져나가면서 점차 그치겠습니다.

외출하실 일이 있을 때는요, 저처럼 우산을 꼭 챙겨서 나가세요(우산을 얼굴 옆으로 들어 올려 잊지 말라는 뜻을 전한다).

지금까지 날씨 정보였습니다.

스포츠 아나운서가 된 유찬

"유찬아 이번에는 네가 한번 스포츠 뉴스를 진행해 봐. 축구 선수인 네가 진행하면 진짜 실감 날 것 같아."

"어? 스포츠 아나운서도 해 볼 수 있는 거야?

"방송국에서 방송하고 있는 모든 프로그램의 세트가 준비되어 있으니 한번 해 보세요. 스포츠 아나운서는 스포츠에 대해 잘 알고 있어야 할 뿐 아니라 시청자와 함께 스포츠를 즐길 준비가 되어 있어야 해요. 씩씩한 목소리로 신나게 진행해야 시청자들도 좋아하겠죠?"

안내원 누나가 우리를 스포츠 아나운서실로 안내해 주고는 유찬이에게 스포츠 뉴스 대본을 건네주었다. 대본을 쓱 훑어본 유찬이가 신이 난 듯 말했다.

"어? 이거 어제 경기잖아. 어제 아빠랑 잠실 야구장에 다녀왔는데, 정말 재미있었거든."

"유찬이 너 야구 경기도 좋아해? 축구만 좋아하는 거 아니었어?"

"축구는 내가 잘할 수 있는 운동이고, 야구는 내가 재미있게 볼 수 있는 경기야."

"잘됐네요. 무엇보다 유찬이 친구는 스포츠 아나운서의 자질이 충분한데요? 어제 경기를 머릿속으로 떠올리며 그 신나는 순간을 표현해 보세요."

뉴스 대본

스포츠 뉴스

안녕하십니까? 〈스포츠 포커스〉의 최유찬입니다.

천국과 지옥을 오가는 기분이 바로 이런 걸까요? 한국 시리즈 직행 티켓을 건 SK와 삼성의 1위 다툼, 말 그대로 총성 없는 전쟁입니다. 각각 LG와 기아를 만난 두 팀. 역전의 재역전 속에 9회 말 마지막 아웃 카운트까지 숨 돌릴 틈 없는 혈전을 펼쳤는데요, 과연 마지막 눈물을 흘린 팀은 어느 팀이었을까요?

자, 끝까지 긴장을 늦출 수 없는 1위 싸움, SK와 LG의 경기부터 살펴볼까요?

먼저 잠실로 출발합니다.

유찬이의 방송이 끝난 뒤 안내원 누나는 우리를 주조정실이라는 곳으로 데려갔다.

"지금까지 여러분이 체험해 본 것처럼 아나운서들이 전하는 뉴스와 기상 정보, 스포츠 뉴스가 합쳐져 하나의 뉴스 프로그

램이 완성된답니다. 각각의 촬영을 지휘하는 곳이 바로 부조정
실이고요, 거기서 촬영한 화면을 이곳 주조정실에서 하나로 묶
어 시청자들에게 보내게 돼요."

"우아, 화면이 굉장히 많네요?"

"현재 생방송으로 진행하는 스튜디오뿐 아니라 녹화를 하고
있는 스튜디오의 상황, 다른 방송국의 방송 내용까지도 이곳에
서 점검하고 있거든요. 텔레비전 방송 현장을 보았으니 이제
라디오 스튜디오로 이동해 볼까요?"

라디오 방송 현장

DJ가 된 지훈

"라디오는 청취자와 일대일로 대화하듯 하는 방
송이에요. 라디오 DJ는 오랜 친구처럼 청취자의
이야기를 들어 주고 옆에서 속삭이는 듯 말을
건네기도 하지요. 저기 키 크고 의젓한 학생이
일일 DJ를 해 보면 어때요?"

안내원 누나가 지훈이를 가리키며 말했다.

지훈이는 좀 쑥스러워하는 것 같더니 어느새 의자에 앉아 헤드폰을 썼다. 기술 감독인 듯한 아저씨가 지훈이에게 설명을 해 주셨다.

"자, 마이크에 가까이 다가가 봐요. 우선 마이크 볼륨을 맞추고 원고는 책상에 가지런히 놓아두도록 해요. 그 마이크는 굉장히 민감하게 반응하기 때문에 숨소리나 원고 넘기는 소리까지도 아주 조심해야 돼요. 준비됐죠? 시~작!"

라디오 방송 대본

이지훈의 〈달콤한 음악 이야기〉

너무 힘들고 괴로울 땐 이거 하나만 꼭 기억해 보세요.

어디든 행복한 일 한 가지는 꼭 있다는 거요.

내가 곤란한 일을 겪으면 그때 비로소 진정한 친구를 만나게 되고

어려운 상황일수록 사소한 것에 기쁨을 느끼게 되죠.

아무리 힘들다고 해도 모든 것을 포기하고 가만히 멈춰 있어서는 안 돼요.

조금만 움직이면 캄캄하던 벽 사이로 빛이 보일 거예요.

그리고 어쩌면 그 작은 빛 하나가 높아만 보였던 그 벽을 허물어 버릴지도 모르죠.

어딘가에서 나를 기다리고 있을 그 즐거움, 오늘은 제가 함께할게요.

안녕하세요? 음악과 이야기가 가득한 곳, 이지훈의 달콤한 음악 이야기입니다.

여러분, 지금 행복하신가요? 저는 오늘 무척 행복합니다.

오늘 제가 느끼는 이 행복감, 여러분께 모두 나눠 드릴게요.

이지훈의 달콤한 음악 이야기, 오늘의 첫 곡입니다.

해피니스의 〈행복한 오늘〉.

지훈이 목소리가 저렇게 부드러웠던가? 지금은 한낮이지만 왠지 한밤중에 라디오를 듣는 기분이었다.

기술 감독 아저씨가 우리를 '콘솔'이라는 기계 앞으로 데려가셨다.

"DJ가 곡을 소개하면 이 기계로 음악 볼륨을 서서히 올리면서 마이크의 볼륨을 내리는 거예요. 여기 보면 다양한 스위치들이 있죠? 이 많은 버튼을 이용해서 음악과 사람 목소리를 조정할 수 있어요. DJ가 말하는 동안 배경 음악이 흐르게 할 수도 있고요."

유찬이가 콘솔 기계에 유난히 관심을 보이자 기술 감독 아저씨가 몇 가지를 만져 볼 수 있게 해 주셨다.

"와, 방송을 직접 진행하는 것도 멋있지만 이렇게 뒤에서 기술을 담당하는 것도 재미있을 것 같아."

방송국 견학을 마치고 돌아오는 전철 안에서 우리는 각자의 꿈을 주제로 이야기꽃을 피웠다. 나는 앵커, 유찬이는 축구 선수, 유미는 작가, 세리는 외교관, 한솔이는 MC라는 각자의 꿈을 향해 열심히 나아가자고 각오를 다지기도 했다. 친구들에게 내 꿈을 말하고 격려의 말을 듣고 나니 더욱 힘이 나는 기분이었다.

그런데 가만 생각해 보니 지훈이만 자기 꿈을 얘기하지 않았던 것 같다. 오바마 같은 정치인일까? 억울한 사람을 돕는 변호사? 아니면 지구촌의 여러 문제를 해결하는 데 앞장서는 국제기구 활동가? 나중에 지훈이한테 꼭 물어봐야겠다.

어쨌든 방송국 견학을 하고 나니 내 꿈이 성큼 다가오는 듯한 기분이다. 집에 돌아가면 스피치 누나가 가르쳐 준 것들을 다시 한 번 정리해 봐야지.

내 꿈을 이뤄 주는 어린이 스피치

1판 1쇄 발행 2015년 5월 15일
1판 3쇄 발행 2021년 4월 30일

지은이 아나운서(주)
그린이 송진욱

발행인 주정관
발행처 움직이는서재
출판등록 제2015-000081호

주소 서울특별시 마포구 양화로 7길 6-16 서교제일빌딩 201호
주문 및 문의 전화 (02)332-5281 | 팩스 (02)332-5283

ISBN 979-11-955066-6-8   63370